写给我的妻子滕奕霏

——张其亮

无边界企业

数字时代下的平台化转型

张其亮 王韦玮 著

中国科学技术出版社
·北京·

图书在版编目（CIP）数据

无边界企业：数字时代下的平台化转型 / 张其亮，
王韦玮著 . — 北京：中国科学技术出版社，2022.1
ISBN 978-7-5046-9325-9

Ⅰ. ①无⋯ Ⅱ. ①张⋯ ②王⋯ Ⅲ. ①企业管理—数
字化—研究 Ⅳ. ① F272

中国版本图书馆 CIP 数据核字 (2021) 第 238009 号

策划编辑	申永刚
责任编辑	杜凡如
封面设计	卓义云天
版式设计	宋晓璐
责任印制	李晓霖

出 版	中国科学技术出版社
发 行	中国科学技术出版社有限公司发行部
地 址	北京市海淀区中关村南大街 16 号
邮 编	100081
发行电话	010-62173865
传 真	010-62173081
网 址	http://www.cspbooks.com.cn

开 本	710mm×1000mm 1/16
字 数	142 千字
印 张	14
版 次	2022 年 1 月第 1 版
印 次	2022 年 1 月第 1 次印刷
印 刷	北京盛通印刷股份有限公司
书 号	ISBN 978-7-5046-9325-9/F・965
定 价	62.00 元

（凡购买本社图书，如有缺页、倒页、脱页者，本社发行部负责调换）

序言

近两年间，我奔赴上百家企业现场去做商业调研、企业访谈，发现今天在中国这片土地上，"数字化转型"的浪潮正在风起云涌。

如果说在新冠疫情暴发前，数字化只是让企业活得更好，那么在后疫情时代，数字化便成了企业能否生存下去的关键。2020 年我国数字经济占 GDP 比重已经达到 38.6%，而且这一比重必然持续扩大，拥抱"数字化"不再是个别企业的战略决策，而是顺应时代的战略抉择。

过去 20 年，被时代选择的幸运儿是"消费互联网"，互联网巨头们无处不在地改变着人们的生活，从购物、到餐饮、到出行、到娱乐，2C（面向个人用户）方向的数字化已经被做得淋漓尽致，目前消费互联网面对的是失序发展后的治理问题。而另一方面，在生产端的"产业互联网"方兴未艾，较消费互联网的发展节奏相对滞后。因此，商业世界新的机遇、未来的方向注定在于此。对于制造业而言，

无边界企业：
数字时代下的平台化转型

与新需求相匹配的新一轮制造升级，将是中国深化供给侧结构性改革的重要"基本盘"。

面对产业变革的新趋势，企业将面临一系列的新机遇和前所未有的挑战。来自传统企业的企业家们愈发认识到数字化转型的重要性，但是往往对数字化转型还没有系统的认识。究竟什么是数字化转型？企业做一套数字化系统就完成转型了吗？在这本书中，张其亮会告诉你，数字化只是一个工具，转型的关键在于"打破企业边界，能够调用产权以外的资源"，否则企业就没有通过"数字化"实现"转型"。从认知入手，而不是从技术本身入手，这是本书区别于其他就"数字化技术"论"数字化转型"图书的最大区别。

张其亮带领团队运用20余年信息产业与实业结合的实践经验，以及在各大知名院校、企投会的授课经验，将国家宏观逻辑的转变、商业世界的演变规律、数字化转型认知升级、数字化转型落地实操案例等内容都囊括在此书中，相信能够帮助企业家们及其他关注数字化转型的读者，建立起关于数字化转型从宏观到微观的全面认识。

如何驾驭"产业互联网"的浪潮，颠覆对转型的底层认知，把握数字化转型的本质，答案便在本书中。

前言

如果要给我们即将迎来的这个时代取个名字,我想在很多人的心中它应该叫作"数字时代"。

很多人听说了"数字化"的概念,便一头冲进"数字化"大潮,在这本书的开始我就需要提醒你:**前途未卜,要慎重**。

上一个时代是消费互联网的时代,2C可以玩激情;即将来临的时代是产业互联网的时代,2B(面向企业用户)就一定要谨慎、谨慎再谨慎。企业家们千万不要带着2C的惯性和任性匆忙转到2B的产业互联网时代。事实上,"数字化"这个词原本就来自2B,强调的是供给侧要素的组织方式,而不是2C那种吸引眼球的"你离互联网有多远"的新技术噱头。

它们之间的本质区别在于,2C业务是"短链"的,想到一个方式就可以快速迭代、快速试错,错了可以迅速从头再来;而2B业务是"超长链条"的,这就导致企业端的变革没有办法快速试错,也容不得草率的尝试机会,也因此大多数企业甚

无边界企业：
数字时代下的平台化转型

至很难在产业互联网时代"摸到门槛"。

怎么办？必须先提高认知。在本书中，我基于自己在金融信息领域20余年的从业经验，亲历最舍得在信息科技上大手笔投入的行业——银行业的发展历程，以及曾从企业的视角目睹消费互联网时代的狂热等经历，总结感悟认知，抛开晦涩难懂的理论知识，告诉你如何进入产业互联网时代，以及如何实现你的数字化梦想。

作为摸到数字化时代门槛的准备，读者们首先要记住，不能将数字化与电子化、信息化这三个进程混为一谈，要能够理解数字化是从电子化到信息化，再在此基础上继续演进而来的第三个阶段。

我在IBM（国际商业机器公司）任职时期曾参与过中国工商银行的数据大集中项目，在思科系统公司（简称"思科"）任大中华区金融行业首席架构师时也曾主持设计和实施了中国农业银行、交通银行、中国建设银行、国家开发银行四大行的全行IT架构，其中"国家开发银行应用集成平台暨10年IT发展规划（2008—2018年）"获得了中国人民银行2010年度银行科技发展奖（二等奖）。在20余年的从业历程中，我亲历了中国银行业发展的前两个阶段，也就是电子化和信息化的全过程，所以我们就先拿银行业来举例，让你能够理解这三个阶段的巨大差别。

第一个阶段是电子化。 20年前，你到银行存800元需要先填一个单子，然后银行返给你一张存单，上面盖着银行专有的印章，你未来就可以凭这张存单来银行取钱。而最初的电子化，就是把这张存单用打印机打印出来,取代手填的存单。这个阶段非常简单,并没有给银行的业务带来逻辑上的变化,但给第二阶段提供了一个数据基础。

第二个阶段是信息化。从这个阶段开始的变化便为银行业带来了巨大的业务驱动力,最主要的变化即"通存通兑"。

怎么理解"通存通兑"呢?比如,你在北京东城区的一家银行网点存了钱,那笔钱只在东城区的银行网络中有存款记录,你如果要到西城区的银行网点去取钱,不好意思,这就算是汇款了,哪怕是跨区域取款都是有手续费的。这就是通存通兑没有实现之前的状态。

后来,中国四大银行先后开展"数据大集中"活动,把全中国的数据都集中在一处,也就实现了"通存通兑"。自此,人们可以在银行的任何一家网点存钱,也可以到任何一家网点把这笔钱取出来。

这个过程听起来非常简单,但是中国银行业大概花费了几千亿元的成本才得以将其实现。这便是银行业从电子化到信息化的过程。不要觉得信息化的过程没什么了不起,很多传统企业目前仍处于电子化阶段,还远远没有达到信息化的标准。

如今,走在前面的行业,已经开始进入第三个阶段,即数字化阶段。

数字化阶段又有什么特征呢?沿着银行业的发展我们继续展开来说。以往在做银行信息化平台时,主要的任务是做好业务支撑。也就是先看主营业务单元有什么业务需求,再通过信息化手段实现业务支撑上的需求,提升企业内部的运行效率。

时间拐点是 2008 年,自此以后,银行业做软件的任务从"业务

无边界企业：
数字时代下的平台化转型

支撑"变成了"业务引领"。这个转变让我们这些做技术、做科研的人非常痛苦，因为在当时我们并不知道该如何去引领业务。现在回头看，这个转变是由于在数字化阶段，软件的开发开始涉及企业转型的范畴。

后来的故事我们都知道，在金融方面转型成功的并不是银行，而是支付宝（支付宝中国网络技术有限公司，简称"支付宝"，为第三方支付平台），也就是后来的蚂蚁金服（蚂蚁金融服务集团，简称"蚂蚁金服"）。并不是因为银行业的从业人员不努力，也不是银行业意识觉醒得晚，最大的因素在于，银行业可以说是被管制得最为严苛的行业之一。但银行业对科技的认知程度是远远早于其他任何行业的，而其副作用是走的弯路多、吃的亏多、浪费的钱也多。

经此反思，我想未来数字化发展空间最大的应是那些几乎没有管制要求的行业，创新往往生长于边缘地带。我们可以预见，在许多拥有充分自由的领域，结合日趋成熟的科技，通过清晰的模式设计将会有非常多的机会不断爆发出来。

于是，我从2014年离开思科后便专注于做各行业的数字化范畴，不是信息化，更不是电子化的项目，并成功帮助多家传统企业实现了数字化转型。因此，本书中的多数理论和思考都是基于我个人实践经验的总结和提炼而来，均是我的个人原创，这些都是传统书本所没有的。

诚然，新理论的提出一定要"站在巨人的肩膀上"方能实现。因此，新理论的提出，一方面基于经典的经济学理论、金融理论，另一方面来自理论和实践过程所碰撞出的火花。从根本上来讲，我是一个喜欢深度思考的人，非常喜欢探索问题的本质。另外，因为老师的身份又让我在很长的时间里都要肩负着重任——给各大银行的行长们、各行业的企业家们解答很多问题。比如，免费的商业模式是怎么回事，为何网约车企业没赚到钱却能撑起高估值，为什么传统的财务三张表的解释力不足了，在什么情况下企业要转型，在什么情况下企业需要创新，互联网发展经历了哪三个阶段……当大家目睹新的科技正在颠覆这个世界时，他们不断地追问我一些探寻本质的好问题，也就"逼"出了本书中很多独创的理论模型。

非常有趣的是，很多企业家和银行家们看到我的解释模型后，往往觉得非常欣喜，因为这些理论模型不仅结合了经济商业理论层面、科技层面和企业管理层面的内容，又融合了我的个人特质——那就是我会以一种极简的方式（做比喻、讲故事等）来为没有专业背景的人解释晦涩深奥的理论和技术，比如"互联网让人能说话，区块链让人说真话，物联网让人说实话"，等等。在本书中你会不断地感受到这种个人特质。

本书有回顾，也有展望。

回顾过去 20 年商业世界的发展，消费互联网解决了陌生人之间的交换问题；当我们面向未来时，产业互联网则需要解决陌生人之间的资源与能力整合问题。回顾过去，消费互联网最大的贡献在于有效

无边界企业：
数字时代下的平台化转型

促成了中国消费市场的大统一；展望未来，产业互联网必然会有效促成中国要素市场的大统一，更会带领中国这个"世界工厂"实现经济转型，让供给侧跟上消费侧的脚步，进入下一个高速增长的 30 年。

未来 30 年商业发展的方向和机遇如此明确，然而在企业转型中，最重要的仍莫过于实践。到目前为止，可以说除了那些天生就带有数字化基因的互联网公司，几乎没有传统企业成功实现了数字化转型。哪怕是美的、海尔、格力，我们也不能说它们现在是数字化企业。淘宝、美团的成功，是因为它们的天然基因就是数字化的。而多数企业家的问题是，如何把一家原本是传统类型的企业，转型成为一家数字化的企业。比如，如何将一家传统的出租车公司，一步一步地改进成为网约车企业。传统企业的数字化转型非常之难，以至于到现在几乎没有成功案例，大多数市面上的书籍和课程都是在没有成功案例的情况下就开始讲不接地气的理论，而这些理论几乎没有可实践性。当然，从全球范围来看，苹果公司成功地从手机和电脑制造商转型成了平台型公司，微软从一家卖产品的软件开发公司转型成了云服务公司，这些才是真正的转型。

到目前为止，我整个职业生涯一直都在做数字化转型、企业转型的实践，也在一些国内的高校，诸如清华大学五道口金融学院、北京大学国家发展研究院、中国人民大学商学院等讲授总裁班、企业家班、银行家班的课程，并担任了吴晓波老师创建的数字化转型研究院联席院长和企投会学术委员，做足了理论上的提炼。在这个过程中，我结

前　言

识的大量企业家普遍都遇到了三个问题：第一，他们很焦虑；第二，他们感觉企业到了新的节点，却面临走投无路的境地；第三，投了很多冤枉钱，不投更焦虑，但投了又很浪费。我通过与一些优秀的企业家们的共同努力，耗时十余年进行了充分的尝试，成功地做出诸如地产全链数字生态、山东小微制造业集群、丹东服装加工新旧动能转换、彩生活物业服务集团、交通运输部中交金卡、东阿阿胶、乔氏台球等多个行业的数字化转型成功案例。

在本书中，我总结提炼自己多年的思考，从经济学、商业、技术等理论视角推动读者进行思维上的升级，并结合我多年为企业做转型的实践经验，以图读者能在实际操作上有所启发。至少，读过本书，那些在企业转型过程中明显的错误，是非常容易避免的。

这本书至少能给你带来两部分内容：

第一，理论的部分让你更加深刻理解商业进步、技术发展和企业治理问题的本质。

第二，通过真实的转型实践案例让你知道如何把顶层的设计理念落到企业转型中，并且告诉你在执行中如何跨过那些很深的"坑"。

读完本书的内容，相信你将会拥有更高更远的视角，看到滚滚而来的商业浪潮，相信我们会看到那个有确定性的未来——企业之间的边界会愈发模糊，以至于看起来好像"企业消失"了。因此，企业的转型需要从行业的维度出发。而作为企业家，你可以选择做一个行业的组织者，打造自身所在行业的平台，或者选择加入该行业的某个平

无边界企业：
数字时代下的平台化转型

台，成为行业的要素之一，而不懂这个道理的企业家可能就要面临被时代洪流淘汰的命运。

  我很期待与对这本书的理念有共鸣的、对所在行业有深度认识的读者共同探讨企业的转型之道。希望在未来必然来到的新商业浪潮中，有你我的共同参与，或者尽我们的绵薄之力，让所在行业的数字化转型能够因为我们的洞见加速几年的进程，或许我们也能站到未来的商业浪潮之巅，感受企业消失之美。

张其亮

目录

第一部分　转型的时代背景　　/1

第一章　转型的宏观大势　/3
政策导向转型　/4

地方政府转型　/12

城市转型　/13

未来"宅世界"　/16

第二章　商业的进化逻辑　/20
陌生人之间的交易难题　/20

数字时代的技术基石　/29

无边界企业：
数字时代下的平台化转型

第二部分　转型的认知升级　　　/35

第三章　消费互联网　　　/37
消费互联网商业模式发展的三个阶段　　　/37
世界经济主轴从"交换"走向"交互"　　　/43
互联网颠覆传统产业运行模式　　　/55

第四章　区块链技术应用逻辑　　　/60
货币发展的三个阶段　　　/61
三步"重挫"传统金融业　　　/70
区块链技术对产业产生的冲击　　　/83

第五章　产业互联网发展方向　　　/86
改进、创新、转型的区别　　　/86
商业"三流"视角下的互联网"颠覆"　　　/91
从组织力到动员力　　　/96
无边界组织　　　/101
生态思维　　　/114
转型就是边界升维　　　/117

目 录

第三部分　企业的数字化转型　/125

第六章　数字化转型理念　/127
重新理解数字化　/127
群体行为模式的决定因素　/135
从"人治"到"技治"　/140
企业顶层架构中的三条总线　/142

第七章　企业消失之美　/155
企业组织模式的三个层次　/156
危机下小微企业的出路　/158
产业平台的三种形态　/160
赋能平台的作用是"去能"　/164
智能制造平台案例　/171

附录　/181
深度理解 OKR　/181
互联网时代下金融业的演化路径和未来出路　/193

后记　共同迎接伟大的数字化时代　/199

第一部分
转型的时代背景

第一部分
转型的时代背景

第一章 转型的宏观大势

回顾过去的20年，人类的生活发生了巨大的变化：沟通方面，从书信到电话、到手机、到微信；购物方面，从小市集到百货商超、到网络购物；出行方面，从骑买来的自行车到扫码用车，从打出租车到手机叫车；付款方面，从手拿"票子"到刷卡消费、到扫码支付……

假使我们忽然回到20年前的世界，可能会难以适应以往的生活方式。人类社会就是这样，一旦向前推进，就再也回不去了。

如今的变化主要发生在消费侧，而生产侧的变化却远远落后，没有跟上。这或许可以说是某些实体经济企业家们的"幸运"，因为互联网渗透到生产侧有一定的难度，所以以制造业为代表的生产侧企业还没有遭受到消费侧曾遭遇的"攻城略地"。然而，经过20年的消费互联网发展，企业家们也都感受到了时代发展的必然趋势，数字经济正在加速到来。

**无边界企业：
数字时代下的平台化转型**

生产侧的数字化转型是必然会发生的。近年来，我接触到非常多做实业的企业家们，他们都深刻地意识到，如果企业不转型，就要等着被"革命"。

想要深入了解企业的转型方向，企业家的首要任务就是认识企业所处的数字时代，明晰国家、地方政府、城市在数字时代下的定位。在本章中，我们将从以上内容出发，深入剖析企业当前所处的宏观大势。

政策导向转型

改革开放以来，中国经济发展取得的成就是惊人的。从1978年到2020年，42年间中国GDP（国内生产总值）以人民币计价涨了278倍，从全球GDP总量排名上看，中国从全球第十上升到全球第二的位置，占全球GDP比重从1.74%上升到17%。[1] 当然，中国还没有消除绝对贫困，正如李克强总理所说，中国还有6亿人平均月收入不足1000元[2]。

这两种情况其实就是当前我国所面临的形势——**从整体看，中国是世界第二大经济体；但从内部的结构上看，在更平衡、更充分的发展上中国还有巨大的优化空间。**

---

[1] 数据来源：中国国家统计局，《中华人民共和国2020年国民经济和社会发展统计公报》。
[2] 2020年5月28日，李克强总理于第十三届全国人民代表大会第三次会议的记者会上的发言。

第一部分
转型的时代背景

为了谋求未来更高质量的发展，一定要先回答好历史发展上的一个问题：过去40年，到底做对了什么？

依照"创新理论"鼻祖约瑟夫·熊彼特的经济增长理论，任何一个经济体的增长都来自创新。如果一个国家或者一个经济体能够保持长期的高速增长，那么在其内部一定有着非常强大的创新源动力。

因此，这个问题就可以变成：**在过去40年中，推动中国经济持续高速发展的创新动力来自哪里？**

很显然，中国过去40年的高速增长源自"改革开放"，在这个时期内，地方政府是创新的推动力。

事实上，过去40年中国经济的高速发展可以分为两个阶段。

第一阶段是从1978年到1988年，也就是改革开放的头10年。在这之前，中国经历了30年贫穷的时期，中央政府为了谋求经济发展，在1984年的莫干山会议上提出了价格双轨制，并于1988年开始实行价格改革闯关。要从计划经济体制转型为社会主义市场经济体制，第一步就是要放开价格管制，让市场决定价格。当时，有德国在第二次世界大战后成功实行价格改革闯关的经验作为参考，所以中国也想通过放开价格实现改革。然而20世纪90年代初，中央政府发现我国的价格改革闯关未能获得成功，继而决定不生搬硬套西方模式，要结合中国国情充分动员和发挥中国强大的组织体系——地方政府的作用。

第二阶段是从1989年开始，地方政府开始作为创新源动力，引领地方经济发展。在这个时期内，国家顶层架构设计主要有以下三个

无边界企业：
数字时代下的平台化转型

核心：

（1）1994年国税、地税分开，地方政府因此获得了政策便利，在招商引资的时候可以通过减免返还等各种方式吸引投资。

（2）1998年开始发展房地产，地方政府卖地的钱不计入税收，而计入政府性基金预算收入，所以地方政府可以通过卖地获得投资基础设施的资金，从而更好地招商引资、发展经济。中央政府作为国家的管理者，通过国税、地税分开和发展房地产为地方政府提供政策便利和发展资金。

（3）以GDP作为地方政府的KPI（关键绩效指标）以考核业绩。通过之后的中国经济表现我们可以发现，政策、资金、考核三个维度全面支持地方政府引领地方经济发展的模式很成功，中国的经济增速很快，用十几年的时间就把原计划要走30年的路走完了。

然而，2012年中国社会科学院的李扬院长所带领的国家顶层架构设计团队提出中国在这个框架下面临的问题：**我国的GDP总量排名全球第2，却没有代表国家实力的国家级企业。**

地方政府引领经济发展为什么会导致这个问题？因为当下国内大部分企业都是地方性企业，不妨举几个例子。

第一个例子是健力宝集团的衰败。健力宝是一家立志在国内打败可口可乐的企业，可口可乐是酸性饮料，而健力宝当时的定位是碱性健康饮料，并通过亚运会宣传一举成名。为了将企业继续做大做强，健力宝想要把总部从佛山市三水区搬到广州市。而这恰恰就是健力宝

第一部分
转型的时代背景

衰败的核心原因之一,因为大企业总部的搬迁对地方政府来说损失了税收,所以地方政府显然不会支持。

第二个例子是一个虚拟的小故事,但是类似的事件一定在过去的40年间发生了很多次。A市有个企业家老李,他跟A市长的关系非常好。市长一路支持老李的企业发展壮大。有一天,老李到市长面前说:"市长,我有一个好消息向您报告,我要去新疆投资,建一个占地2000亩的工厂。"A市市长会怎么回答他?市长可能会先说:"老李,你做什么事我都会支持你。"第二句是"有什么困难你都可以跟我讲",第三句话是"我再给你300亩地好不好?"诚然,第三句才是重点。老李心想:我讲的是我要去新疆盖一个新工厂,市长为什么要给我A市的300亩地?而且我也知道A市已经没有地了。至此,老李也就明白了市长的意思,没有再去新疆投资建厂。

所以,我们今天的大部分企业都是地方性企业。

国家顶层架构设计团队发现此问题后,自2015年起,在顶层设计上开启了新发展模式转型的规划,并且做出了三个大改变:第一,2015年政府开始强调"房住不炒";第二,2017年国税、地税正式合并;第三,2019年中共中央办公厅印发了《党政领导干部考核工作条例》,表明GDP不再作为主要考核指标。之前驱动发展的三个核心要素在顶层架构设计上完全被改变了,这是非常明确的信号,说明中央政府从宏观层面已然下定决心要转型了。

在疫情冲击、经济增长任务面临艰巨挑战的情况下,仍然坚持"房住不炒",不给地方政府的GDP增长加压,更是表明了中央政府对政策导向转型的决心。

政策导向转型的大方向已经越来越清晰,过去大家已经习惯的增长模式不再适用,决定中国经济未来30年的顶层架构设计正在这5年中逐步夯实成型。

政策导向转型正式进入第二季——发展高质量、有核心竞争力的企业。

企业家一定要明白以往地方属性、严重依赖资源型的企业将成为历史,未来需要的是能够打破地域限制、打破家族传承模式的有核心竞争力、有国内影响力和国际话语权的企业。

疫情冲击并没有结束,全球经济依然面临着高度的不确定性,2020年国内经常听到"经济寒冬已至"的论调。虽然现在国内此类言论减少,但是在全球范围内,"经济寒冬"还没有过去。那么判断"经济寒冬"的标准是什么?

经济大趋势是否存在风险主要看是否面临两种情况:第一,GDP增速下行;第二,人口断崖。

自2019年开始,我国人口断崖已经非常明显,所以国家会不惜一切短期代价鼓励生育。一旦出生人口数量出现断崖式下跌,便会对国家的长期经济增长造成巨大压力。越来越多经济学家开始劝大家"为国生娃",就是因为作为经济增长的三大要素之一——劳动力,即人口结构问题对整个国家造成的负面影响是极其深远的。

第一部分
转型的时代背景

在经济下行的情况下，企业必须要保持**低负债率**和**稳定的现金流**，否则就会面临巨大的风险。图 1-1 的模型是在经济下行期给实体企业的建议。以房地产行业为例，一般来说，地产公司的主要业务包括地产、商管、物业、文旅等。在经济下行的情况下，物业的现金流往往是非常稳定的，而其他业务则面临很大的现金流风险。

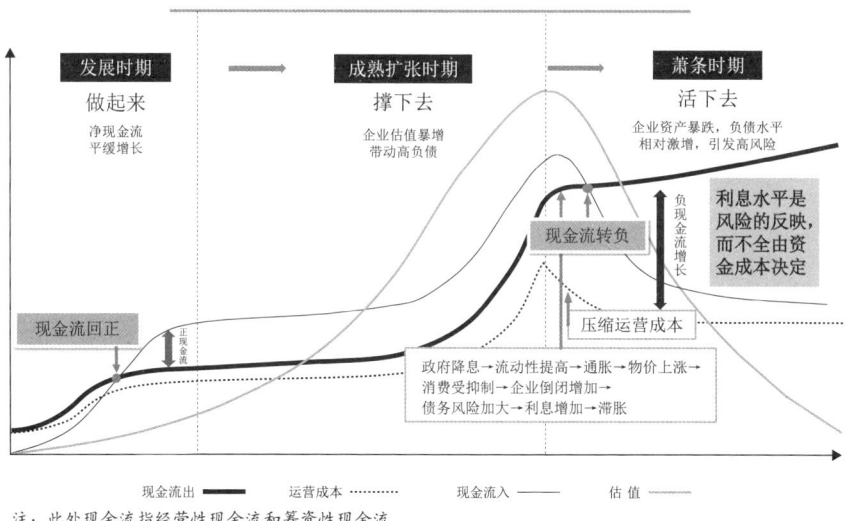

图 1-1　经济周期下的企业经营周期以及相应建议

通过这个模型，我们可以看到政府宏观政策干预和企业经营的一系列联动关系，从政府降息到最后引发经济上的滞胀（高通胀 + 低经济增速），政府的逆周期调节可以解决短期问题，但很可能会给未来中长期经济带来一些隐忧。所以在 2021 年 7 月，中央政治局会议中提出的宏观政策是做"跨周期调节"，而不再仅仅关注宏观政策"逆

无边界企业：
数字时代下的平台化转型

周期调节"。

2019年8月，我的团队针对房地产进行研判得出的结论是：房地产行业会遇到困难，但其中的物业板块则能得以幸免。而后的房地产公司经营情况也让这个推断得到了验证。2020年年初，在新型冠状肺炎疫情最严峻的时期，物业的现金流反而增长了30%。大致原因是疫情期间，因为无法出门，业主对物业的依赖性更强，两者之间的交互反而变得更多了。比如，快递员无法自由出入小区，很多快递都由小区保安代送；之前的一些日常维修工作变成需要物业帮忙。因此，业主需要缴纳原本不情愿支付的物业费，物业服务的衍生费用也有所增加。

经历过"黑天鹅"事件的企业家都知道，一定要重视现金流，对高杠杆一定要非常小心。因为在面临巨大经济波动时，高负债可能会压得企业撑不下去，倒在黎明前的黑暗里，如图1-2所示。

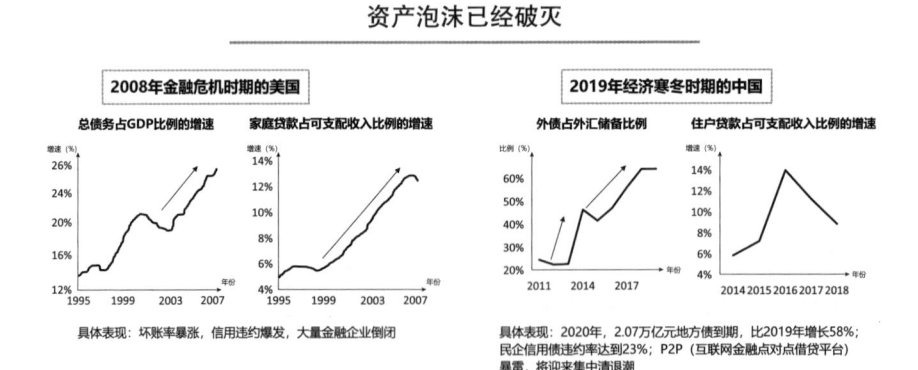

图1-2 2008年美国债务与2019年中国债务情况对比

第一部分
转型的时代背景

在主动的供给侧结构性改革和被动的疫情压力下，资产泡沫风险问题已经基本解决。一直以来，**悬在中国经济头上的三把达摩克利斯之剑分别是 P2P、企业债和地方债。**

首先，通过政府的决心清理，P2P 的雷基本被解除。

其次，企业的债务违约依然是一个大问题，但是只要宏观政策不出现"急转弯"情况，那么在发展中解决问题，就可以慢慢消化企业债问题。

最后，地方债目前仍没有得到彻底解决，但是风险可控。

再来看看中国经济的三驾马车——出口、投资和消费的现状。

在出口方面，出口增长的红利期已经过去，由疫情导致的短期出口增长并不具备持久性。

从投资上看，目前主要还是依靠政府投资，但过去 20 年的大基建和房地产的大发展这条路基本上也走到头了，未来需要更多个人和外资参与到企业发展的投资上来，这就需要完善投资监管机制。

未来经济发展的主要驱动力是消费，这是近年来自上而下的共识。因此，国家在"供给侧结构性改革"大前提不变的背景下，又提出了"需求侧管理"，就是想要在消费这驾马车上想办法。"地摊经济"这个词在网络上曾红极一时，就是一次拉动消费的新尝试。要拉动消费就必须让老百姓富起来，得先有钱才能消费，所以其中重要的一环是必须要降低老百姓的债务水平，这样他们才敢花钱。

要靠地方政府启动消费，因此地方政府有从"土地财政"模式向

无边界企业：
数字时代下的平台化转型

"税收财政"模式转型的倾向。

调整国税、地税分成比例的过程存在两个巨大转变：一是国内的增值税分配从国家75%、地方25%，变成了各50%；二是消费税全部划归给地方，消费税非常有可能成为地方政府未来30年财政来源的主要税种。

未来，政府长期的政策导向和经济转型阶段要面临的问题是息息相关的。要想理解新的政策、抓住新的机遇，就要理解整个宏观经济趋势。

地方政府转型

从国家层面看，最大的改变是地方政府要做转型——**从全能型政府转向服务型政府**。

近年来，各地方政府都开始加紧廉租房、公租房的建设，其背后的原因是地方政府以往需要依靠卖地赚钱，之后则要靠税收和服务赚钱。未来可以把地方政府看作一个不持有资产、但是拥有运营权的物业公司。

正如前文所述，未来40年国家需要培养有核心竞争力的企业。这类企业不是家族企业，不是依赖于地方资源的地方企业，而是有自己的核心竞争力，并通过股权融资做大做强、走出地方，甚至成为在国家范围内、世界范围内都有决策影响力的企业。但这绝不是让民营企业退场，而是旨在更充分地发挥企业家的创造力。

在未来的 40 年里，很多无法走出地方的企业悲剧不会再重演，因为机制的调整已经让地方政府没有办法限制企业的扩张。近年来，有一些非常典型的案子在翻案，比如海信科龙电器股份有限公司前董事长顾雏军案、北京物美商业集团股份有限公司创始人张文中案，这是在给企业家发送一些有利的信号，并且建立坚定发展、扩张的信心。

熬过最困难的时刻，接下来就是更好的开始，在经历了供给侧出清、"黑天鹅"不断的大环境，还能撑下去的企业可以获得更高的行业集中度，也就拥有更多的机遇。

记得在 2003 年严重急性呼吸综合征（SARS）疫情暴发之前，大家还在讨论人们能不能在家里活过 48 小时，但正是在 SARS 时期，互联网电商加速扩张。在 2020 年的新冠肺炎疫情暴发期间，全中国有 80% 的城市人口在疫情最严峻的 5 个月里完全靠线上生活。

疫情和危机不会改变方向，只会加速转型趋势的实现。企业家们一定不能放过任何一次危机，因为危机极有可能带来巨大的机遇。

城市转型

"聚人"的城市

产业时代人跟着产业走，消费时代城市由人而生。

前面的内容分析了中国经济面临转型的大背景，与此同时，城市也面临着发展逻辑的转变。

纵观全球，发达国家有许多城市出现衰落的迹象，其主要原因有两个：

一是税负。如果税负太高，资本和产业就会"用脚投票"[1]，这个城市必定会走向衰败。以美国为范本去看，其代表城市为芝加哥。

二是工会力量。代表是以产业为基础的底特律，其衰落的根本原因是工会力量太强大，影响了城市中企业的发展。在自由市场的情况下，城市本可以优化资源配置自然转型，但工会对劳动力市场的垄断力量使得城市内的资源配置市场化出现了问题，最终导致城市衰落。工会力量本来是希望能为工人群体谋福利，最后却导致了更广泛的城市衰落，这就是经济学中典型的事与愿违。

这两种城市衰败原因目前在中国的情况都称不上严峻。但是中国又有一些特殊的历史问题。

过去地方政府往往会给企业一些优惠政策，或者企业家可以通过自己在当地的人际关系拿到特殊资源。地方企业依靠政策和资源就能够生存。按照过去20年的逻辑，一家企业想要扩张，选对城市非常重要。城市之间存在"制度之争"，所以恒大地产集团有限公司会把总部从广州搬迁到深圳。

未来城市的发展趋势是什么呢？

---

[1] 指资本、人才、技术流向能够提供更加优越的公共服务的行政区域。

第一部分
转型的时代背景

答案是"聚人",要建设高密度城市。

这是一个非常大的变化,过去国家总是担心一个城市的人太多,因为之前的发展依靠资源,而资源有限,人多了就会争夺有限的资源。因此,以往的政策会推动"逆城市化"发展、限制人口流动,大城市限人限地、小城镇反而给人给地,最后造成了一系列资源错配的问题。

未来的思路转向已经非常明确,就是人口进一步城市化,形成大都市圈,这是全球发达国家发展都经历过的进程,美国如此,日本、韩国也是如此。

之前担心城市人口流入过大,未来转变成担心城市人口不够多。从近几年的城市人口流入流出数据来看,每个省内人口还持续流入的城市往往是省会城市,这是顺应市场导向后的自然结果。城市的头部化聚集越来越明显,这就是未来10年,新的城市化进程——人口聚集。

城市化发展是从工业化社会向消费型社会转化的必然过程,过去20年,城市是以工业聚集的,而在未来发展阶段,城市是以消费聚集的。

消费必须要靠人,人足够多,服务业才能兴起,分工才足够细,服务的成本才足够低,才能覆盖更多的人群。

我们试想一下,在人口密度低的农村,如何实现快递、外卖服务的健康发展?而在人口密集的大城市,甚至需要让多个快递员负责一个小区或者一个园区的业务,并且其服务成本比人口密度低的农村还低很多。

总之,如果一个地区的人口密度不够高,那么服务水平就上不去,消费也就做不起来。

消费升级到底是什么？消费升级既不是"从在家里吃饭变成去小饭店吃饭"，也不是"从去小饭店吃饭变成去大饭店吃大餐"。这些变化只是花了更多钱，带来的影响都是有限的。

消费升级是一个高端的产品在大众群体内普及，但产品的价格仍然很便宜。消费普及才是真正的消费升级，而消费普及的难点在于距离和密度。

亚当·斯密在《国富论》中提出，分工程度决定了社会的财富水平。制造业已经实现了生产端的社会化大分工——制造汽车、生产衣服、生产家电、生产上游元器件，等等。如今，市面上的所有商品都不是一家公司从头到尾自己制造出来的。未来的服务行业也是一样，分工会越来越细化，如果人口不够密集，服务业就无法蓬勃发展。

人类社会已经进入全新的大消费时代、大服务时代，高密度城市是发展的必然，这就是未来在消费领域的供给侧结构性改革大趋势。

未来"宅世界"

未来城市发展的趋势是高密度化，在这样的背景下，可以预见人类的居住环境、生活方式都将面临巨大的变化，我称之为——未来"宅世界"，如图1-3所示。

第一部分 转型的时代背景

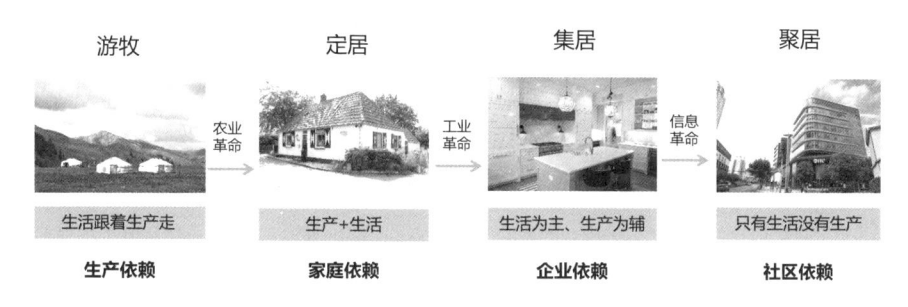

图 1-3 人类居住模式演进史

纵观人类生活发展史，人类世界的居住模式可以分成4个阶段：

第一个阶段，游牧阶段——生活跟着生产走。

在游牧阶段，羊儿去哪里吃草，人就到哪里去住，即生产依赖型居住模式。

第二个阶段，人类驯化了小麦，进入定居阶段。

定居阶段很像现在的纯农村生活方式，这种生活的特点就是一切原材料都自给自足，也就是自己动手丰衣足食。农村的特征是居住的房子和生产、生活区域是不区分的。看看农村里的房子是什么样的？院子里养了五只鸡、两头猪，还有一块菜地，房子兼具生产功能。在自家院子里，早上起来要先去喂猪、喂鸡，然后吃饭，吃完饭接着去摘菜。

这就是最原始的小农经济定居模式，生产和生活是融为一体的。

第三个阶段，集居阶段。

在集居阶段，住宅以生活功能为主，其生产功能极度弱化。主要的生产工作需要去工作地点完成，大多数人都需要通勤去公司工作、去工厂上班。

但是在这个阶段，人类开始渴望在家娱乐。许多人在购置新房后，往往会考虑在家中布置家庭影院等娱乐设施，尝试将娱乐和生活结合在一起。

但后来，大多数人又放弃了把居所娱乐化，因为他们认为在家里最好就是睡觉，最好连菜都不要炒，越来越多地外出就餐，甚至干脆点外卖。这就是开始向第四个阶段过渡了。

第四阶段，现在人类社会正在开启的进程——聚居时期。

聚居的模式就是人们想要娱乐时，会出门到附近的商场四层看场电影、到五层唱首歌、到八层吃顿火锅，满足人们的这些娱乐需求都变得既方便、又便宜。人们再也不需要花费太多金钱去置办一整套的音响系统，而是按次付费。

未来的居住环境会变得越来越简约，所有的娱乐都靠外部服务解决。

所以，未来的"宅"就不再是宅在自己家里，而是"宅社区"了。现在，越来越多人的生活已逐渐接近这个模式。拿我自己举个例子，我之前两次更换工作，工作期间都会长期住在所在公司旁边的酒店里，几乎所有的生活需求都可以在酒店旁的商场内解决，并不需要离开我所在的"社区"。近几年，十分火爆的"阿那亚"社区运营模式其实就非常符合"宅社区"的理念。居民不用离开社区，社区可以为居民提供他们想要的生活服务。

第一部分
转型的时代背景

所以，在未来世界中，住宅设施可能会趋向极简，甚至可能只剩下睡觉休息的功能。而住宅之外的商业世界会越来越复杂，而且离住宅非常近，甚至坐电梯就可以抵达并享受服务。

未来的房地产企业可以参照这个趋势去规划，发展到极致就是可以在同一栋楼里实现工作、娱乐、购物和生活。可能有人会说，这很像人类在小农经济的定居时期，院子里又养猪又种菜的感觉。不同的是，在定居时期是"生产—生活"两位一体，而未来是"生产—生活—娱乐"三位一体。现在想来可能会觉得不可思议，但是相信不用太久，或许只要再过10年，我们就可以通过趋势来验证这个判断。

以上这些关于未来生活发展的判断，都是基于未来消费时代大趋势进行的推演：城市的密度会越来越大，服务业分工会越来越精细，人类会越来越享受"宅世界"。

作为企业家、创业者，需要思考的是，在这个城市转型的进程中，你的企业扮演着什么角色？人类又将如何消耗被科技节省下来的时间？过去3000年的科技是帮人节省时间，未来3000年的科技是如何让人把被节省下来的时间"浪费"掉。

第二章　商业的进化逻辑

第一章我们介绍了企业转型目前所处时代的宏观视角和大趋势，为了更好理解这个时代和大趋势，我们不妨把视角再拉远一点，从一个更高的视角审视我们当下的位置。本章将关注商业世界的演进逻辑，解释商业世界从何处而来，未来又将去向何方，以及新技术会给未来商业带来哪些巨大的变化。如果我们坚信"科技改变表象不改变本质层面"的运行规律，便可以更好地理解当下我们要做出的改变是什么，改变后的企业与时代的关系，从而找到我们在时代洪流中的定位，不至于因为鲁莽反而被洪流冲走。

陌生人之间的交换难题

商业文明的演进，或者说人类经济文明的演进历程，其实自始至

第一部分 转型的时代背景

终都是为了解决一个问题：陌生人之间的交换问题。在人类社会发展的初期，与陌生人之间做交易是很难的。所以一开始，只有足够信任的人之间才能交易。比如，有血缘关系的家族成员，老大和老二交换个东西，只要老太爷还健在，就可以实现交换。如果老太爷突然过世，那么兄弟俩互相借个东西都会变得非常困难。陌生人之间做交换就更是难上加难。哪怕经济文明发展至今，人们也都还在解决这个问题：陌生人之间的交换问题，如图 2-1 所示。

关于距离：
信息流、物流、资金流"三流合一"的产业生态发展趋势达到巅峰

关于信任：
为什么交易的完成需要有一定的信任基础？
因为缺少信任会产生风险和不确定性；
风险指已知可能造成损失的总和，可以用合同来解决；
不确定性指未知的未知，即不知道未来会发生什么情况，又会造成多大的损失。无法用合同来解决，只能用信任基础来推动不确定性下的交易达成

从经济视角看区块链技术的精髓，即"去信任"（Trustless）

图 2-1 陌生人之间的交换问题

为什么陌生人之间进行交换那么困难？因为这个过程有两大需要解决的问题：距离问题和信任问题。

第一，距离问题。

我们传统文化中描述的"一手交钱一手交货"的商业场景，暗指交易双方是面对面进行交易的情况。但事实上，进行交易的双方往往

不在同一个地方，甚至两者之间的距离相隔很远，那么要完成交易该怎么做？（见图2-2）比如，李四在田里种玉米，张三在山里养蜜蜂。我先去村里找李四买玉米，要买蜂蜜还要爬上山头找张三。这个过程中最大的痛苦不是交易本身，而是达成交易之前的距离问题。这种原始的跑腿阶段，我们姑且称之为第一阶段，其特点是交易之前没有物流、购买者流动，简单讲就是"**先生产再交易，交易之前没有物流**"。

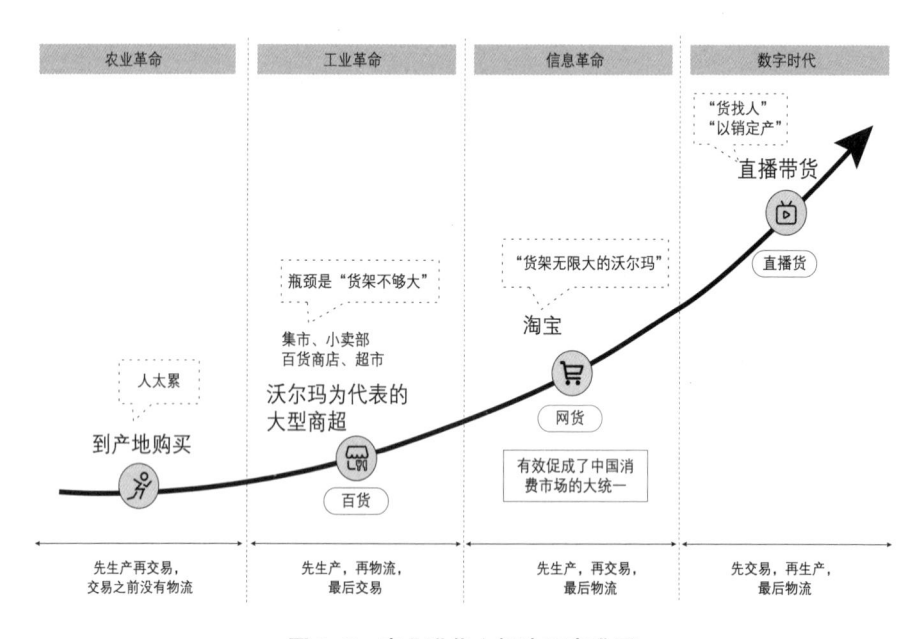

图2-2 商业进化之解决距离难题

在第一阶段中，要依赖买家走动才能实现交易，买家还没等到交易就给累坏了，而且效率极低，怎么办？我们就跟张三和李四约好了，说："能不能每周六早上，我们在河边交接一下？这样大家都能省很多力气。"于是解决距离问题的最早模式——集市就出现了。这个模

第一部分
转型的时代背景

式相较于第一阶段的买家跑腿模式,有一个本质上的改变,即在交易之前引入了物流,用物的流动替代了人的移动,节省了资源消耗,并且由于商品的集中,提高了交易的效率。这是第二阶段——"**先生产,再物流,最后交易**"。

第二阶段的"**先生产,再物流,最后交易**"模式统治了我们商业、经济世界很长时间。这个模式的特点在于,首要任务是在生产之后解决物流问题,交易不是排在第一位的。第二阶段一直在缓慢发展,从集市到小卖部、百货商店、大型超市,这背后一直遵循着"先生产,再物流,最后交易"的本质模式。甚至到了第一次工业革命时期,蒸汽机进入织布厂,又被运用于船只航运、铁轨运输,人与人之间的交易活动仍处于第二阶段,遵循着"先生产,再物流,最后交易"的模式。20世纪60年代出现了以沃尔玛为代表的大型商超,它们建立起了全球供应链,因此人们可以在沃尔玛买到产自全球各地、不分距离远近的产品。可以说,**沃尔玛的出现是第二阶段"先生产,再物流,最后交易"模式的发展顶峰**。

那么,第二阶段"先生产,再物流,最后交易"模式的天花板是什么呢?**那就是"沃尔玛的货架不够大"**。虽然人们可以在沃尔玛买到来自世界各地的商品,但是沃尔玛的货架不足够大,所以人们不能在沃尔玛找到全世界所有的商品,只能买到沃尔玛为你筛选、收集、运输后,放到货架上的商品。那么,有没有可能做一个"货架无限大的沃尔玛"呢?

无边界企业：
数字时代下的平台化转型

于是，就发展到了第三阶段，以亚马逊、淘宝为代表的**互联网电商平台**成功突破了"货架有限"的瓶颈。在这个阶段，不论产自何地的商品、多少种类的商品，只要消费者想到的都可以在互联网上买得到。所以我们可以把淘宝、亚马逊看作是"货架无限大的沃尔玛"。在产业互联网时代，互联网技术除了为第三阶段的商业模式提供技术支撑，还带来了另一个变革，那就把交易环节提前一位，由过去的"先生产，再物流，最后交易"转变为**"先生产，再交易，最后物流"**。这是互联网技术为商业世界带来的最本质的变革，通过信息流将交易环节置于物流环节之前，从而颠覆性地解决了交易中的距离问题。由于"无限大的货架"上的商品不是由超市或平台筛选，而是由卖家自行上货，线上商品被称为"网货"。应用了第三阶段"先生产，再交易，最后物流"模式的互联网电商使中国在经济方面实现弯道超车，达成了统一的消费市场。要知道，在出现淘宝等互联网电商平台之前，中国消费市场的地域性非常强，甚至在某些县城只能销售本县产的啤酒，外地品牌很难进入。模式升维的互联网电商平台成功帮助中国突破了这一点，让那些没有物流、没有店面、没有品牌的小卖家能够把货物卖遍全国，甚至全球。

当很多人以为第三阶段已经是交易上的最高模式时，第四阶段出现了，那就是如今飞速发展的**直播带货**，我称之为"直播货"。直播货区别于网货的最大特点，是它把交易再次提前一位，竟然做到了**"先交易，再生产，最后物流"**的模式。这个阶段再次革新了第三阶段，

第一部分
转型的时代背景

不再是先生产了,而是还没有生产就开始售卖。实际上,这是另外一种更先进的"货找人""以销定产"的模式。

2019年,我发布了一篇名为《未来制造业,是先销售再生产》的文章,我曾在文中预判了"先交易,再生产,最后物流"的模式将是商业发展的下一个阶段。现在看来,直播带货印证了这一预判。

所以说,商业进化了两千多年,终于通过互联网技术把距离问题解决了。人们在互联网上就能了解到要交易商品的全部信息,然后通过物流发货。依靠互联网电商平台,商业做到了"三流合一",人们可以在互联网中看到商品的信息流、通过支付媒介完成资金流的转移、通过快递完成物流动作,形成商业的闭环。人们不再需要专门去附近的小店铺,或者几公里外的沃尔玛买东西了。人们可以在北京买到海南生产的商品,甚至可以通过"海淘"买到洛杉矶生产的商品。

第二,信任问题。

假设你现在要签一份合同,一说合同很多人会觉得头疼,因为里面有各种各样的规矩、条款,你会特别谨慎,害怕合同里有什么"坑"。猜忌、犹豫会让你很难高效地达成交易。

那么,你会在什么情况下几乎不看条款就签合同?比如,对方是你非常信任的人或者组织;也可能在没有其他更好的选择情况下,不管有什么样的条款,你都必须立刻签下。但无论是哪种情况,交易都会伴随一定的风险。

因此,为了顺利达成交易,我们需要做到两点:一是要控制风险,

二是要解决不确定性问题。

风险和不确定性，这两者的区别是什么呢？

风险是已知可能对你造成损失的概率加权后的总和。

假设我要跟老王签一份合同，我能够预判出老王可能无法按时到货，这对我一定是个损失。而且货物的质量可能会不好，这也是个潜在损失。到货后，货物的质量没问题，但售后服务不好，这可能对我又是一个损失。将以上这些所有已知可能对我造成损失的概率相加，得到的总和就是我所面临的风险。

凡是这些已知的风险，都是可以通过合同去管理、规避掉的。在签合同之前，我们可以在合同里把避免损失的条款都写下来。比如，如果老王不能按时到货就扣款、到货后质量不好就退款、售后服务不好就罚款。因此，对于已知的风险，我们可以通过合同来覆盖。

不确定性是未知的未知，就是不知道未来会发生什么事，会以什么样的方式对你造成多大损失。

如何管理和规避不确定性呢？不确定性意味着不知道会发生什么事，既然都想象不到什么会造成哪些损失，更不知道会造成多大损失，又怎么写到合同里呢？没办法，所以这个时候只能靠信任了。比如，交易另一方是老王的三哥的儿子，老王相信三哥是不会害他的，万一真的出了问题老王就去找家里的长辈告状。而且中国有一个一年一度的"告状节"，知道是什么时候吗？那就是春节。多数中国人在外地打工，只要到了春节，就会拖家带口、千里迢迢地回到家乡。回家一

第一部分
转型的时代背景

方面是为了"做汇报",一方面是为了炫耀,另一方面是为了告状。老王找到家里的老太爷说:"我开了一家物流公司,你给我弄来的大孙子刚跟我干了三个月,就自己去开物流公司跟我竞争,把我搞得今年没赚到钱!"老太爷跳出来对三哥儿子说:"你小子三年不准走,老老实实给你叔好好干!"

国内快递公司"四通一达"都来自浙江省桐庐县,为什么呢?怎么一个县那么适合发展快递公司呢?一个"桐庐帮"把整个快递行业高效地和互联网结合在一起了,行业效率大幅提升,这是中国邮政多少年都没有实现的目标。大概因为他们利用好了中国的"告状节"优势。每年春节回家就互相告状,家长协调,达成一致,最后竟然能够在京东、阿里巴巴、顺丰这些巨头的眼皮底下,拿下物流行业的半壁江山。

下次如果回老家过年,一定要观察一下春节是不是很热闹。总之,以过往的商业经验来看,能够覆盖风险的是合同,能够覆盖不确定性的就只有信任,因此中国商业史上最早的信任就源自血缘关系。后来,随着商业范围的扩大,信任又拓展了它的来源。是什么呢?可以回想一下过去20年间,如果你想要和陌生人做生意的话,会怎样去建立信任关系呢?

喝酒往往是在商业场上建立信任的一个典型方式。

年轻一代不屑于"继承"商场"酒桌文化"和潜规则,但商场"酒桌文化"背后是有其商业逻辑的,它解决的就是陌生人之间的信任问题。十几年前就经商的人应该深有体会,他们往往需要通过喝酒来与合作伙伴、客户、供应商建立信任关系。直到现在，在那些产品没有差异化、技术并不领先、信息差很大的行业中，仍然存在着商场"酒桌文化"。酒桌上，交易双方喝酒的多少往往就体现了他们达成合作的诚意和决心。

但是有了新的技术，商业的形态就可以开始转变，如图2-3所示。

互联网是支撑信息流动的科技　　区块链是支撑信用流动的科技

图2-3　技术手段克服两大交易困难

在数字经济时代的背景下，各行各业都在做数字化转型。数字化转型的三种技术——互联网、物联网、区块链互相配合，改变了商业世界的逻辑。最大的变化就是大家开始相信数字世界的东西，而非原先的"眼见为实"。如果不了解摆在眼前的货品，人们就不敢随意交易。但是如果这件货品被放在互联网上，你就会发现：互联网"能说话"，保证呈现出这个货品的相关信息；区块链"说真话"，能够保证这批货的来源是没有问题的；物联网"说实话"，证明这个货品真实存在。在这种情况下，哪怕没有见到实物的货品，消费者也敢买，即使出现问题，也可以直接全款退货，全程数字化追溯。

至此，我们了解了科技给商业、经济文明的演进带来的本质层面的改变。总结如下：首先，互联网技术终极解决了陌生人之间交换的距离问题，无需物流即可达成交易。基于该本质变革的完成，消费互联网的大潮完美落幕。其次，区块链技术将终极解决陌生人之间交换的信任问题，无需信任即可达成交易。如果在以互联网、区块链和物联网三大技术为基石的数字时代，我们能够像消费互联网那样成功地实现本质性的改变，那么我们才能说，我们完成了数字时代的使命。

总之，"构建一个无需信任的商业体系"这个使命才是数字时代给予我们的颠覆性的机遇。所以我们才说未来的数字时代是2B的，是重塑产业要素组合关系的产业互联网，需要我们完成的是超越消费互联网一体化、消费市场供给侧一体化的要素市场。如果你感受到了这个使命的脉络，那么恭喜你，你就快摸到进入数字时代的门槛了！在了解如何达成这一使命之前，让我们先来看看你手中的武器——先了解一下数字时代的三种基础性技术。

数字时代的技术基石

商业在智能化的进程中已经越走越远、越走越深，也发展得越来越迅速，并在近两年忽然进入一个质变的时期，即智能商业已经从消费端扩展到产业端。就目前来看，互联网已经在消费端被改造得足够彻底，商业颗粒度也被拆解得足够精细，这意味着消费侧的发展已经几近饱和。但在产业端，尤其是在制造业方向，互联网做得还不够精细和深入，这也正是未来企业的主战场。

那么未来的新商业模式是怎样的呢？

在我看来，新的智能商业体系是由三种技术重新构建的，它们分别是互联网、区块链、物联网。

互联网是现在离人类生活最近的技术，无需多言。虽然近些年区块链的概念非常火爆，但大多数人的理解都不够深刻，本书会在第四章对区块链的作用进行详细讲解，总之，它有打穿产业链上下游、让全产业链可以迅速联动起来的作用。物联网相信大家也都有所了解，但是还不够有想象力。现在大家谈到区块链、物联网，就像是在20世纪90年代初谈到互联网一样。

在1990年的时候，我同当时的同学一起去拜访一位互联网专家，请教他："互联网到底能做什么？"

专家回答说："可以发email！"

我和同学觉得太神奇了，有了互联网，人们瞬间就能够跨越山海收到一封信。这几乎已经满足了当时人们对互联网最宏远的期待了。但如今，互联网已经可以实现移动支付，移动支付可以让消费者在网上购物、订外卖、预约网约车、随时扫码骑单车……移动支付已经成为人类生活中的一种基础性服务。在30年前，那位知名专家根本想不到这些事情。

所以，大多数人用现在的眼光看区块链、物联网也是同理，这两项技术和互联网技术结合在一起，到底能够做成什么事？站在现在的

第一部分　转型的时代背景

时间节点，我把它总结成三句话，通过这三句话你可以在任何时间、任何地点，把这三种技术的本质跟其他人讲清楚，如图2-4所示。

互联网　让大家能说话

区块链　让大家说真话

物联网　让大家说实话

数字经济时代的标杆技术：**人工智能（AI）**

数字经济时代**成立的基础：数字资产**（数字产权保护与转移的制度性保障）

图2-4　新技术的本质改变：新三流

第一句话：互联网让大家能说话。

在互联网上，任何人都可以说话，但大家不知道发言者在现实中是谁。所以有一句玩笑话——"在互联网上面永远没人知道你是条狗"。而且通过互联网技术，理论上，任何人都可以让世界上所有人都看到自己。但在没有互联网技术时，再有影响力的人都不可能实现这件事。

第二句话：区块链让大家说真话。

因为有了区块链技术，如果一个事情"上链"了，就相当于它通过分布式账本被记录下来了。如果你后悔了，想要篡改，就需要把账本中超过50%的节点都篡改掉，这是非常困难的。所以在区块链上，只要做了一件事、说了一件事，就很难再被改变。

第三句话：物联网让大家说实话。

实话和真话的区别在哪呢？

举个例子，老王在仓库里存放了 80 吨铜，库管员开具了一个仓单作为证明。这个仓单被拿出来作质押，流转了很多手，最后流转到老李手里。这个过程中从来没有人对这个仓单进行任何篡改，这是区块链能够保证的，这叫作说真话。

那么问题来了，那 80 吨铜真的存在吗？这个仓单是真的、仓单也真的是库管员开具的，仓单上还盖了某个机构的公章。

但老李可以完全相信这些凭证吗？难免会有点疑问。这时，就可以用物联网的方式来确认，比如在仓库里设置摄像头，在仓库的地板上放秤，或者将仓库的闸门连入网络。通过这些措施，老李就可以发现："库管员大哥没说实话！因为我这显示仓库里的货物总共只有 20 吨。而且仓库的闸门在过去一个月内有 12 次出入库记录，每次运输量都不超过 5 吨！所以仓库里不可能有 80 吨铜！"

物联网可以证明东西是不是真的存在。现在很多人对区块链的理解有一些偏差，他们总是想着通过区块链去做溯源。溯源码是没有问题的，问题的关键在于溯源码与被溯源的实物能否结合在一起。溯源实物这件事只能靠物联网来解决。

因此，只有当互联网、区块链和物联网这三项技术结合在一起时，才能进一步改变未来的商业世界。

在这一轮的新商业浪潮中，商业世界所能迸发出来的能量，以及

第一部分
转型的时代背景

商业逻辑发生的变革是全新的，也是极具想象空间的。人类在回顾科技发展史时总会发现，历史中每一次商业变革的到来都是基于技术发展水平、人类认知水平积累的必然结果。

现在人类又迎来了这样一个时期：技术的发展已经成熟、人类的认知做好了准备。后续就需要企业家们、创业者们不断发挥想象力、创造力，为产业端的应用创造应用价值，把这三项技术的应用结合起来形成一套完整的商业生态。

无论是对于个人还是对于企业来说，都要抓住这一轮数字时代下新商业变革的红利，这样才能参与到书写人类迈向未来世界的新篇章。

第二部分
转型的认知升级

第三章　消费互联网

在过去 20 年的发展过程中，给整个社会的运行带来最大改变的技术莫过于互联网，其中让大家感知最强烈的部分莫过于消费侧的互联网化变革。企业要做好未来 20 年的转型准备，要先回顾一下在过去的 20 年中，互联网是如何演进发展而来的。

消费互联网商业模式发展的三个阶段

无论在资本的推动下，商业界把互联网概念鼓吹得多么天花乱坠，其实互联网的本质就是一种信息传递技术。但互联网产生的效果远远超出技术本身，为什么呢？

既然互联网是一种信息传递技术，那么我们可以站在信息论的角度来审视互联网商业模式的本质。在信息传播学中有三个基本要素：

信源、信宿、信道。通俗地讲，信源就是说话的，信宿是听话的，信道是传话的。互联网商业模式正是对商业中信息传播的三个要素进行极致化升级，从而产生了对传统商业运行结构的颠覆式冲击，即所谓的颠覆式创新。抓住这三个要素极致化升级的规律，就容易看清楚在互联网商业模式背后，由信息运行效率的极度提升带来的结构性演变规律。

互联网商业模式1.0

互联网颠覆信源，"天下武功唯快不破"。

在互联网之前，人类接收信息的信源是什么呢？报纸、电视等。假如你是报社的老板，你要怎么把报纸做好，并且让报纸的发行量最大化呢？

答案是内容要有稀缺性，并且报道的速度要足够快。上一秒发生的事情，下一秒本报的读者就得到信息了。所以各大报社都要证明自己的信息够快。比如，那时候有报纸叫"快"报、"早"报，或者"邮"报，通过邮电局系统发给你，那还不够快吗？

但在互联网出现后，传统新闻与出版行业遭受了巨大的打击，因为报纸再快也比不上互联网。一则互联网新闻说，北京东四环一辆车着火了，感谢网友提供照片，本网站后续会持续跟踪报道。虽然照片是真的、报道人不是本报记者、没有核实真实性，但是这则资讯会立刻出现在新闻页面上。

2016年的"3·21上海高楼火灾事故",很多人就是在互联网上看了全程直播。一个网友就位于发生火灾的高楼对面,他拍摄了这场火灾从开始到结束的整个过程。那时候还没有抖音、快手这类直播平台,那位网友只是通过拍照片、接USB、传到电脑、发布到网上这一流程完成了传播……虽然没有人为他的辛苦付费,他的拍摄技巧也不够专业,但是广大网友通过互联网"实时"置身于这个新闻之中,无意中实现了信源的最高目标:前一秒发生的事情,后一秒就被传达给读者。事实上,在电视媒体里,CNN(美国有线电视新闻网)已经因此一举成名。但互联网不但实现了这个目标,还让整个业内看到了其无与伦比的未来:无论你怎么批评互联网信息不够准确不够专业,单单一个"快"字就让无数人惊呼,纸媒和传统媒体几乎要被互联网彻底取代。

这就是互联网商业模式1.0的"唯快不破",只要够快,世界就是你的。过去那种小心谨慎、按部就班,先做好市场调研,再潜心开发产品,然后把渠道铺好,最后做好服务的传统方式,在"快"这个"不讲武德"的年轻人面前,显得手足无措,就算恨恨地问一句"互联网怎么赚钱",也被投资人投入的大笔资金简单化解。是的,投资人看到了传统商业人没有看到的未来,也就是"快"。

互联网商业模式2.0

互联网颠覆信宿,服务的接受者同时也是服务的提供者。

无边界企业：
数字时代下的平台化转型

　　什么是信宿？说白了就是接受信息的人。还是以报纸为例，报纸的信宿也就是报纸的读者。作为一家报纸的读者，发生什么样的事情会让你产生极度的被满足感？并且产生极强的黏性呢？如果有一张报纸的头版头条的作者是自己——"本报特约通讯员张小海"，或者一张照片下标注"本照片由网友'远方的大山'提供"。看到自己的名字或网名变成了铅字印在了报纸上，你作为读者是什么感受？是不是想马上买1000份报纸，然后分给每个身边的亲人、朋友、同事，说："看，这是我。"这就是人性中需要被满足的炫耀感。互联网特别微妙的一点，是可以把人性挖掘到极致。

　　这就是互联网商业模式2.0的核心——服务的接受者同时也是服务的提供者。当产品功能、服务水平甚至"送钱"策略都不能引燃消费者内心深处的烈火时，我们突然发现，"参与感"甚至某种虚幻的主导心理竟然是催生消费侧动力的"神奇魔药"。这是符合人性的，是一种根据人性弱点增强用户黏性的方式。互联网商业模式2.0最早的形式是Blog，即博客，并由此开始发展UGC[1]模式。服务和内容由使用者提供，不只是共享，更重要的是共创，就是平台和用户一起创造。在2.0阶段兴起的微博、知乎，甚至淘宝，都是基于这个逻辑。

　　以网约车平台为例，开车的司机是服务的接受者吗？是的。司机自己准备车辆，然后网约车平台帮司机找到乘客，为司机提供收费支

---

[1] user generated content，用户生成内容。

持。司机是不是服务的提供者呢？是的。如果没有司机接入网约车平台，这个平台就没有任何用途了。

服务的接受者同时也是服务的提供者，这就是互联网商业模式2.0。至此，信宿被攻破。

互联网商业模式 3.0

互联网颠覆信道，服务的接受者同时也是服务的传播者。

现在，在极致满足信息传播三要素的前两个要素——信源和信宿，并且跨界创造两个新商业模式核心之后，我们只剩下最后一个要素有待突破，那就是信道。

所谓信道，就是信息的传播渠道。传统的媒体都是中心式的。在传统的商业模式里，我们通常都极力强化产品本身的属性，包括功能、质量、价格，为了便于被消费者识别，我们创造了品牌，甚至由此衍生出一个巨大无比的广告业。到了互联网世界，在互联网商业模式3.0中，信道是如何被改变的呢？最具代表性的就是拼多多的兴起，现在这种模式被称为社交电商。比如，老王在拼多多上买一件商品时，只要找一个人拼单就可以以更低的价格买到。这时候，老王从一个纯粹的买家变成了一个传播者。虽然很多人看不懂拼多多，但商业模式的裂变效应让拼多多从商业逻辑上就比早期"搜索式"电商高了一个级别。拼多多更深层的本质是对信道进行了升级，如图3-1所示。

```
   快              服务的接受者              服务的接受者
              同时也是服务的传播者         同时也是服务的提供者

   信源              信道                   信宿

              互联网商业模式3.0
互联网商业模式1.0                          互联网商业模式2.0
```

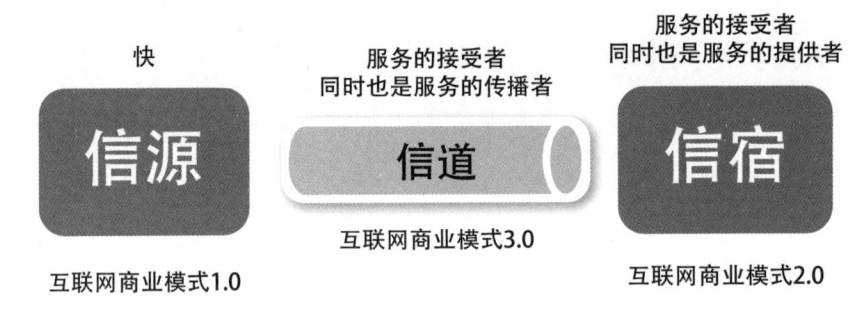

图 3-1　消费互联网商业模式的三个层次

总之，林林总总的互联网现象及其背后的各类理念并没有我们想象中的复杂，互联网归根结底只是一种信息传递技术。

与之前的两个模式相比，互联网商业模式 3.0 有着本质的区别。前两个模式直接作用于服务的提供者（信源）和服务的接受者（信宿），所以互联网商业模式 1.0 构建的是提高效率（快）的效率平台，互联网商业模式 2.0 构建的则是赋能平台。而互联网商业模式 3.0 则让信道中传播者的信用也参与到交易之中，所以其构建的平台不是流量到个人，而是让个体的信用在交易中得以发挥的增信平台，这才成就了我们所谓的私域流量，才会有了直播带货的网红经济。在互联网商业模式 3.0 里，我们看到了去中心化的商业环境，在提高效率、强化能力的基础上，互联网商业模式 3.0 加强了个体的信用。

全面理解了互联网带给商业世界的三个商业模式后，我们再去看市面上的互联网公司就一目了然了。只要分辨它们的商业模式属于哪一种，就可以清楚了解它们的商业逻辑。

以上就是消费互联网商业模式演进的三个阶段,每个阶段都基于其逻辑衍生出了不同的商业模式,有了这个共识作为基础,再谈互联网的"颠覆"就会清晰得多。

世界经济主轴从"交换"走向"交互"

在前文中,我们探讨了科技为商业、经济文明演进带来的巨大的、本质性的改变:互联网终极解决交换的距离问题,区块链将终极解决交换的信任问题。我们也认识到以互联网技术为基础的消费互联网已经取得了巨大的成功,在消费侧构建了统一的消费市场。因此,我们相信,以"互联网 + 区块链 + 物联网"为基础的产业互联网也会成功地构建统一的供给侧要素市场。

面对互联网的成功和数字技术的未来成功,我们不妨再深入一步了解:为什么是信息技术而不是其他技术,比如物流技术、能源技术,终极解决了交换的问题?交换的底层是不是有另一个第一性的世界被我们传统的交换世界忽略了?

是的,这个世界就是"交互"(interaction)。在交换之下,是更底层的"交互"在运行。这一节会通过更加宏观、更加本质的视角来探索人类经济文明演进的底层推动力——交互。换句话说,我们经济运行的主轴在从交换走向交互。让我们通过比较"交换"和"交互"两个世界的商业逻辑,再次感受数字时代即将给我们的经济世界带来的伟大变化。

在经济世界过去几千年的发展过程中，交换非常重要，因为整个商业世界的产生都是以交换为基础衍生而来的，而为了交换的便捷，也催生了货币。

商业世界的一切进步都是基于解决交换问题这个核心主轴。

作为传统世界拥有"交换"思维的人，是如何看待这个世界的呢？以软件行业为例，假设某个软件开发者写一个打车软件，在拥有"交换"思维的人来看，消费者在该软件上的每一单消费都应该支付给这个软件开发者1元，用以买他提供的服务。"交换"思维的人就无法理解，为什么会有一些人写了一个打车软件后，除了每单打车补贴给司机5元，还要补贴给消费者5元。

这种情况让拥有"交换"思维的人的内心秩序完全崩溃了。在互联网电商刚刚兴起时，我需要跟很多传统企业的人解释为什么互联网可以做到免费，在"团购大战"和"打车大战"之后，甚至连免费都不够了，还得花钱补贴。这些让传统商业世界的人看不懂的现象，其背后是因为传统行业和基于互联网的平台企业身处完全相反的两个世界。

第二部分 转型的认知升级

完全相反的两个世界

如图 3-2 所示,传统企业处在世界的左侧,是以交换为基础的。

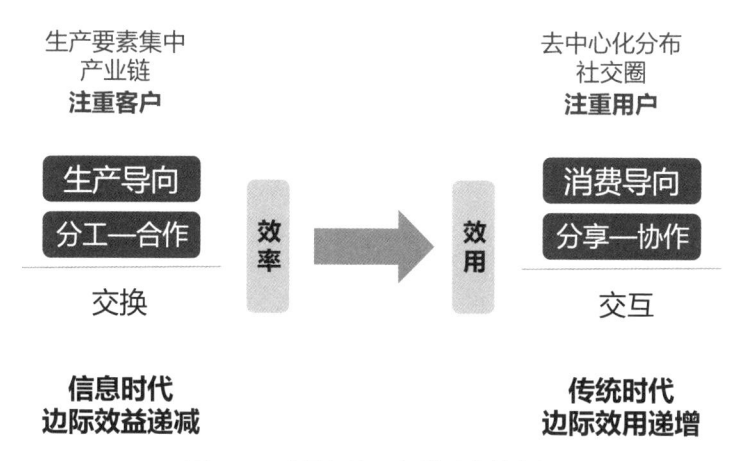

生产要素集中　　　　　　　　　去中心化分布
产业链　　　　　　　　　　　　社交圈
注重客户　　　　　　　　　　**注重用户**

生产导向　　　　　　　　　　　消费导向
分工—合作　效率 → 效用　　　分享—协作

交换　　　　　　　　　　　　　交互

信息时代　　　　　　　　　**传统时代**
边际效益递减　　　　　　　**边际效用递增**

图 3-2　世界经济运行基础主轴变化

以交换为基础的经济世界是分工合作的模式、以生产为导向,这个世界关注的是效率。但到了右侧的交互时代,经济世界的逻辑发生了很大的变化。交互时代的人说:"你愿意用我的软件吗?不愿意?那我给你钱,让你用。还不愿意?那我再多给点钱……而且你用这个软件打车最好用支付宝付款,因为用支付宝支付还可以随机立减金额。"

所以,交互时代的目标是交互,只要你跟我交互就好了,其他都可以谈。而交换时代的目标是你给我钱就行了,不给钱其他都免谈。这就是两个世界最大的不同。

45

> 无边界企业：
> 数字时代下的平台化转型

交互时代的目标是效用。效用意味着用得舒服就行。**效用对应的是体验，体验是消费导向型的，是分享协作**。交换和交互有哪些完全相反的区别？交换是生产要素集中，产业链注重客户。而交互是去中心化分布的，形成的是社交圈。从交换到交互就是从"链"转变成了"圈"，变为注重用户的群组。

在图 3-2 中，左侧世界的"客户"是要付钱的，而右侧世界的"用户"是可以不付钱的。左侧世界以交换为基础，其目标是要不断提升效率；而右侧世界以交互为基础，目标是不断提升效用。所以说左侧和右侧是完全相反的两个世界。

分工合作与分享协作

在这两个世界里，商业参与者的协同机制完全不同，左侧世界是以分工合作为机制，而右侧世界则以分享协作为机制。下面来看看这两者的协同机制有何区别。

1. 左侧世界的分工合作机制。

假设有两家工厂，老王和老李作为这两家工厂的厂长对某个瓶子类产品进行分工，老王生产瓶身，老李生产瓶盖。老王和老李签了一份合同，约定每生产 10 个瓶盖老王就给老李 1 元钱，这就是两家工厂间的分工合作。

所以，**分工合作是以合同为基础，在协同时约定好了钱的交互**。双方因为合同的约束，彼此有责任、有义务。老李作为卖瓶盖的，会

第二部分 转型的认知升级

不会关心瓶子卖没卖出去呢？不会，老李关心的只有验收通过、拿到钱。最终生产的瓶子拿去做什么？是被卖出去还是被埋了？瓶子在使用场景中还有哪些可以改进的？老李都不太关心，这就叫作分工合作，不同合作方的责任非常清晰。

2. 右侧世界的分享协作机制。

举个例子，在某年的 9 月，某互联网公司 M 在年度发布会上，宣布要在 12 月 9 日推出一款智能手表，预计可以卖 600 万支。传统交换思维的人认为，产品一定要保密生产，等到上市后，去占领整个市场。在传统交换思维的人看来，M 公司竟然蠢到把公司的智能手表的全部参数都公布了，包括屏幕大小、操作系统、接口等。任何想要拿到这个资料的人，只要登录 M 公司的官方网站打一个勾"同意"就行。然后，开发者就可以根据 M 公司所提供的资料开发可在手表上运行的软件，并以此进入 M 公司的生态圈去卖钱。时间到了这一年的 12 月，大概已经有 1000 个软件公司下载了这些信息，有 1000 个团队开发了 4000 多个软件。在 M 公司的智能手表发布的那一天，这款手表因此拥有了诸多人们意想不到的功能。如果没有信息的共享，它可能和一款机械手表没有什么区别。消费者为什么要买个"很弱智"的智能手表？没有必要。

M 公司就用这种方式动员了这么多人为它的产品开发软件。那么，在这个过程中 M 公司有没有跟这些供应商签署合作合同？有没有付款？有没有律师？都没有，始于"我同意"，终于"我同意"。否则

**无边界企业：
数字时代下的平台化转型**

在3个月的时间内，4000多份合同签都签不完，但是在M公司信息共享的背景下，仅用3个月4000多个软件都已经被开发好了。**这就是动员力。**

但这还不是关键，在12月9日当天，M公司宣布这款智能手表的发布计划取消。1000个团队在3个月内夜以继地分析M公司指标书上的每一个参数，不断进行调试、接通接口、改漏洞，让程序非常流畅地运行起来。忽然M公司说不玩了，这时候会有一大堆人拿着旗子跑到M公司的办公大楼下去抗议示威吗？没有。因为右侧的世界意味着双方自愿，因为开发者当时点了那个"我同意"。这就是基于"我分享、你协作"机制下的世界。

但是双方并没有互相承诺为彼此负责。分享协作相对于分工合作的可怕之处在于，分享协作的动员力如此之强、破坏能力如此之大，竟然还可以完全不负责任。

关于分享协作，总结出来就是九字箴言：不主动，不拒绝，不负责。这似乎和有些人的人生信条不谋而合。

没有说左边的世界和右边的世界哪个是对的、哪个是错的，就像欧几里得几何和非欧几何都是对的，但是不能混淆在一起讨论。甚至在这两个世界中，连经济学规律都是相反的，比如在左边的世界里，边际效益是递减的。

同一个地区，老王开一家包子铺一年能赚到100万元，于是老王又开了第二家包子店，新店年盈利60万元，再开第三家店，新店年盈利变成20万元，再开第四家就赔掉了20万元。于是，老王的包子扩张事业就停下来了。边际是指新增的新增，新增一家店铺带来新增的收益就是边际效益，如果边际效益达到零的时候，商业扩张就会停止，这就是传统世界的方式。

但在右边的世界里，似乎传统的经济学原理失去了解释力。因为在右边的世界，边际效用（或者说是边际体验、边际作用）是递增的，具体一点来说就是边际效用递增的网络效应。

什么意思呢？因为在右边的世界里关注的不是盈利，而是作用够不够强。举个例子，假设老李买了一台传真机，买完才发现老李买的是全世界第一台传真机，并且是唯一一台。如果只有老李一个人用，他传真给谁呢？传真机公司会给老李各种承诺，说传真机的产品质量特别好，可是并不会对老李的使用效用有任何帮助。但是，如果世界上有100万台传真机，那么老李的这台传真机就很有用了。老李加入到这100万台传真机组成的网络里，就可以直接享受到网络效应的好处了，他就无需像之前那样体验最初且唯一的痛苦了。并且，老李加入这100万台传真机组成的网络的动作，这一个单位新增的变化会让这个网络本身的作用更加强大。网络越大，每新增一个节点带来的效用增加越大，这就叫作边际效用递增的网络效应。

所以，在右侧世界中，随着网络范围的不断扩张，加入到网络中的参与者能够让原本的参与者和自身都享受到更大的收益。

现在的企业家不要执着于自己奋斗了几十年的家业，不肯加入协作网络，选择与其他公司合并和加入其他平台并不是耻辱。在右边的世界里，加入并扩大网络是伟大的进步。

现在的大部分企业家在左边的世界里非常成功，却不愿意面对时代变迁的必然趋势改变企业的运营模式。这种"执着"往往会使其被时代抛弃。因此，企业家要看到右边世界的规律，顺势而为，拥抱共享模式的协作网络，才能让自己倾注心血的基业存续下来，那才是一个企业家应有的格局与胸怀。

产权的颠覆

是什么让左侧世界和右侧世界产生如此大的区别，以至成为相反的两个世界呢？

是因为两个世界底层的经济运作规律完全不同，即奠定左侧世界运作基础的产权模式已经被颠覆。

著名经济学家罗纳德·科斯把左侧世界的精髓阐释得非常清晰："只要财产权是明确的，并且交易成本为零或者很小，那么无论在开始时将财产权赋予谁，市场均衡的最终结果都是有效率的，实现资源配置的帕累托最优。"这就是著名的科斯定理。我将其精简为：假设交易成本为零，那么产权的初始配置就不重要。

宏观经济学家研究的不是做某种产品怎么挣钱，而是如何让市场要素配置最优，让整个市场的效率达到最高。比如，土地就是市场要素，把这块地给谁最能发挥这块土地的价值呢？是价高者得，还是权力博弈,还是看谁更贫穷就接济谁?又该设置怎么样的机制能让市场要素流动到最适合的人手中?

科斯定理意味着什么呢?产权在最初分配时可以归属给任何人。比如,可以把全中国的土地都归老王一个人所有。但是经济学家给老王一个任务:老王要负责把这些土地里面的每一小块土地,都给到能发挥那一小块土地极致价值的那个人手里面去,老王会怎么做?**从经济学的角度看,答案就是价高者得。**

保护产权的成本越高,被保护产权的价值就越低。

所以,中国人为什么喜欢买房子,因为有房产证。有了房产证,那个房子就是我的。但是过去在农村不是这样的,你得有个人住在那,守着那个房子,那房才是你的。在这种情况下,保护产权的成本就非常高,资产的价值也就变低了。

回到刚才的话题,假如价高者得,老王就不需要去研究谁能更好地利用某块地,只要做个平台竞价,把竞价的成本尽可能地降到零,就能够把产权流动到最能够实现它价值的人手里去了。

那么,右边的世界会怎么样?假设信息获取成本为零,产权不重要。

很多年前我提出这个说法时,还没有恰当的例子。后来摩拜单车出现了,并证明了这个理论。

在我毕业刚刚工作时,狠心"花大价钱"买了一辆2000元的自行车,但我也因为拥有了一辆高价值自行车而感到痛苦——因为怕自

无边界企业：
数字时代下的平台化转型

行车被偷，我每天下班扛着它走上五层楼，不是我骑车就是车骑我。我甚至还总结出一套自行车防盗经验：停在比它看起来更新更贵的自行车旁边，哪怕去饭馆吃饭也得找个合适的位置盯着它。这就是典型的因为拥有产权而产生的焦虑。

所以，拥有产权的成本很高，还会让拥有产权的人产生很强的焦虑感。

后来，摩拜单车开始占领大街小巷，起初有人会把摩拜单车搬到家里去。为什么？因为人们还生活在左边那个世界里，并没有把单车作为服务去使用，而是想要用产权的方式去约束它。但是，当后来共享单车铺满大街小巷的时候，当用户使用手机一查，附近还有100辆自行车的时候，情况出现了巨大的变化：获取信息的成本几乎为零，还有人想占有那辆自行车吗？产权变得不再重要了，城市里的人不再需要拥有一辆自行车的产权。

大家不愿意要自行车的产权到什么程度？小黄车要倒闭了的时候，有个人投诉小黄车199元的押金未退，但是他前面排了几十万个退款的人，不知道什么时候才能还给他。朋友劝他说："满大街都是小黄车，完全可以扛一辆回家，一辆不够可以扛两辆，那个押金就别要了。"这个人说："我傻吗？用自行车这么方便了，干吗还要去弄个自行车！把自行车放家里的话，在北京占地0.85平方米，1平方米价值10万元，相当于占掉了我8.5万元的资产。"所以，有这么多人坚持不懈地想去讨回押金，甚至去公司楼下示威，也不愿意扛自行

第二部分
转型的认知升级

车回家。

人类生来对产权的期望十分强烈，但事实证明，只要获取服务的成本极低，谁还会在意产权呢？这就是交互世界带来的一个巨大转变。

在计算机世界里面，决定计算机代际更迭的是什么？不是CPU（中央处理器）、内存和硬盘，而是计算机系统里最便宜的一个部件——交互系统。

第一代是纸带时代，打出一张纸来。那个时候，全世界大概只有100个人看得懂计算机在说什么。第二代，在IBM时代出现了键盘，键盘代替纸带，那个时候大概有100万人会用计算机。第三代，出现了鼠标，以及微软的Windows系统，那时候大概有10亿人会用计算机。第四代，是乔布斯引领的"手指时代"，有多少人会用计算机呢？大概有70亿人。

所以，交互是最为重要的部分。即使你不知道自己要做什么产品，甚至不知道要做什么行业，也要先把交互拿到手。如果你发现自己的业务没有涉及交互，那么你就要思考如何把交互界面拿回来。

其实，顺着共享单车的逻辑想下去，各种共享服务——共享充电宝、网约车、Airbnb（爱彼迎）等都是同样的道理。现在，人们不需要拥有一辆自行车的产权，也越来越不需要拥有一个充电宝的产权。未来，当叫车服务足够方便，随叫随到且费用足够低廉的时候，或许人们也不需要拥有一辆汽车的产权了。再往下推演一步，当没有人需要拥有车的产权时，目前网约车平台依靠个人私家车作为服务提供者

无边界企业：
数字时代下的平台化转型

的模式就走不下去了。

所以，在多年前我就在各种课程和论坛中推断过，网约车平台一定会在定制化造车和无人驾驶上下功夫，让网约车平台自有的无人驾驶汽车直接为用户提供服务。那就意味着，网约车平台将会是国内最大的汽车购买方。那时候，网约车平台就会改变整个汽车制造业。显然，有些汽车厂商也发现了这个趋势，开始和网约车平台合作定制汽车，还有一些汽车厂商担心未来受制于人，干脆直接下场也要开始做打车服务，比如曹操出行。这些趋势通过交互世界的逻辑都能看得非常清晰。

当你想创业、投资，或者想加入一家好公司的时候，应该如何筛选呢？

第一，看它是用互联网商业模式1.0、2.0还是3.0；

第二，看它在左侧世界，还是在右侧世界；

第三，看你自己站在左侧世界边，还是在右侧世界边。

你是站在左边看右边，还是站在右边看左边。左边的人怎么看右边的人呢？一群"疯子"，给人服务，还给人钱，顺便还把传统产业模式都颠覆了。右边是怎么看左边的人呢？一群"傻子"，还被这群"傻子"气得咬牙切齿。因为右边的人梦寐以求的客户资源和交互的场景有95%是被左边的人攥在手里，他们却无所作为、闭上眼睛睡大觉；而右边的人为了拿到这些资源，线上广告、线下地推无所不用。

其实，目前大部分人都是站在其中一侧，很少有人能够两边通吃，所以我们不妨多看一看、多想一想，不妨试着把自身的角色在左边和右边之间来回切换，做到左右通吃，那么你就成为能洞悉这个时代本质的少数人。

互联网颠覆传统产业运行模式

基于互联网给整个商业世界运行逻辑带来的巨大变化，身处数字时代洪流中的企业的生存之道和企业间的竞争模式也发生了巨大转变。

作为传统企业，最重要的事情就是实时盯着自己的竞争对手。行业第一需要盯着第二名的市场份额、营销策略、产品研发……只要盯住第二名不被其超越，就能保住自己行业老大的位置。第二名的企业要向上跟着行业第一走，随时准备弯道超车，向下要担心后来者的围追堵截，避免自己被超越，"座次"后移。

总之，对于一个传统行业来说，同一赛道内可以容纳很多企业，只不过行业的属性不同、行业的发展阶段不同，头部集中度也有所不同。**一般来说，拓展市场的边际成本越低，一个行业市场的头部集中度越强，行业市场的规模效应越明显。**

当互联网技术和人们生活中的场景结合在一起时，传统行业的竞争逻辑也有了巨大的改变。因为一个行业一旦被互联网渗透改造，就再也不是企业"排座次"的问题，而是企业能否与这个行业平台共建

无边界企业：
数字时代下的平台化转型

生态的问题。**互联网对行业逻辑的影响是整行业、整建制的模式变化。基于互联网的平台不是要争"座次"，而是打造资源共享的行业生态。**

这一特征源于互联网技术天然边际成本极低，甚至趋近于零，当互联网电商搭建完一个购物平台、当网约车平台开发好了打车软件、当社交软件被写好之后，理论上它们就可以服务全人类了，需要额外付出的成本就只有服务器运营的成本。当然，现实生活中的成本没有理论上那么低，但是和传统行业的边际成本完全不同。传统行业之所以传统，是因为行业内每服务一个客户、卖掉一个产品，它的成本就增加一份。另外，互联网技术往往应用于行业平台场景，平台往往具有双边的网络效应。它一边服务买家，一边服务卖家，买家的高度集中让看到市场的卖家蜂拥而至，卖家数量增多又驱动买家进一步向平台集中，这就把规模效应发挥到了极致。**因此，哪个平台能先突破爆发的临界点让买卖双方相互驱动的飞轮转起来，哪个平台就是最后的赢家。**资本在互联网企业攻占各个行业时的疯狂"烧钱"行为，在传统行业内是前所未见的。当然，随着互联网涉足领域的高度集中态势，又出现了垄断问题。因为互联网平台成为该领域的唯一服务提供者，它从一个商业主体变成了"新基建"的提供者，开始承担社会责任。互联网平台进化成一个社会责任主体后，应该如何运行和监管是未来经济学界和监管当局不得不面对的问题。

在这 20 年间，互联网以摧枯拉朽之势改变了越来越多传统行业的商业逻辑，提高了行业的运行效率，所以企业的数字化转型就成了必选课题。互联网目前已经涉足的行业包括零售业、批发业、广告业、新闻业、通信业、物流业、酒店业、旅游行业、餐饮业、金融业、保险业、医疗业、教育行业、电视节目行业、电影行业和出版业等。其中，有些领域已经被互联网企业攻城略地。目之所及的任何一个行业，或早或晚，一定会进行数字化转型。而数字化转型的路径有两条，一是从互联网企业出发，向传统企业进军攻城略地，二是传统企业自我"革命"，做数字化转型。传统企业的企业家们一定要抓住窗口期，参与到行业平台化的建设中去，最早一波成为平台或者搭载上平台的企业，就能够享受到转型红利。

可以说，互联网技术已经彻底改变了当前世界的运作方式，而且这个进程还在继续，并未结束。之前人类不敢想象的场景都在逐一实现——千年前飞鸽传书、惜字如金的人不敢想象现在在世界各地的人们可以实时联系；躺在家里足不出户可以买到各地的商品、吃到全世界范围内的美食；可以在出门之前预约好车，下楼时车就在楼下等你……

而互联网也让人类从之前不得不做、没有太多价值、无谓消耗时间的事情中解放出来。比如，跑到火车站去排队抢票、在路边打车等半小时、跑遍全城买不到自己想要的东西，等等。人类开始获得了更多的时间，或用于有意义的工作，或用于思考人生价值、世界运行的规律，或用于打游戏、看视频等休闲娱乐。大多数人可能没有意识到互联网给人们生活带来的改变有多大，但是可以尝试想象如果生活中忽然没有了互联网电商、即时通信软件、网约车平台、外卖平台提供的服务，大家的生活会变成什么样？你现在还能够接受那样的生活吗？如果人类的生活都被低效的琐事占满，那就太可怕了。**互联网技术早已改变了人类看世界的角度和方式。**

目前，互联网所涉及的领域主要在消费侧，迄今为止，可以说消费互联网大潮已经完美落幕。互联网已经用从替代到整合到颠覆的方式，成功改造了个人消费者领域生活中的方方面面。传统行业中也有很多企业选择拥抱互联网平台，成为平台生态中的一部分，利用平台触达更多用户，实现了进一步的扩张和转型。而没有拥抱平台的企业就守在自己的边界范围内，以更快的速度被商业市场淘汰。（如图3-3所示）

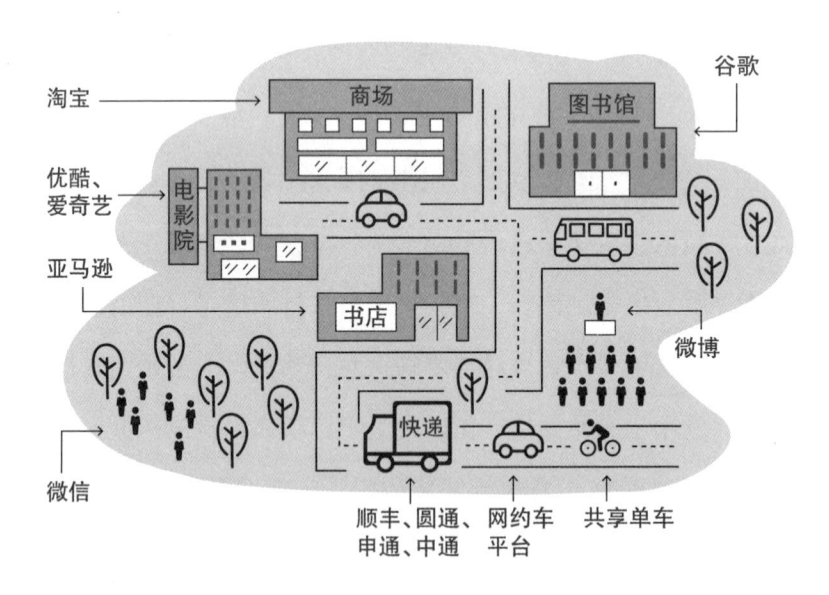

图3-3 消费互联网颠覆版图

第二部分
转型的认知升级

在过去20年的商业世界发展过程中,消费互联网解决了陌生人之间的交换问题;面向未来,产业互联网需要解决陌生人之间的资源与能力整合问题。过去,消费互联网最大的贡献在于有效促成了国内消费市场的大统一;未来,产业互联网必然会有效促成国内要素市场的大统一。

然而在生产侧,也就是产业互联网的层面并没有取得实质性的成功。其根本原因在于生产侧有很多独特的运作方式和跨不过的重资产投入,这一特征给生产侧的公司挖了一条天然的护城河。因此,传统的生产侧公司还留有数字化转型的窗口期,但是时间已经不多了。那么,如何打通产业端,迎接汹涌而来的产业互联网大潮呢?只靠互联网技术还不够,在后面的章节中,我们将通过理论和实践案例进一步探讨如何完成生产侧企业的数字化转型。

第四章 区块链技术应用逻辑

近些年，区块链发展得如火如荼，作为区块链的第一个应用——比特币也已经运行了十多年，后来互联网巨头脸书（Facebook，2021年10月28日更名为Meta）宣布推出天秤币（Libra），这些都受到了全球产业界、金融界、甚至实业界的广泛关注。区块链的底层逻辑到底是什么？未来货币又会走向何方？这是大家目前都在疑惑的问题。但是，在发问前，我敢说，大多数人不理解区块链在产业中的作用，甚至带有错误的认知。

这一章将从货币的本质出发，从区块链技术的发展，到区块链在产业中的作用，希望能够帮助读者拨开迷雾，认识区块链技术对未来产业互联网真正的价值，看清市场上乱花渐欲迷人眼的数字货币本来的面目。

货币发展的三个阶段

货币的定义

关于货币的第一个问题：什么是货币？很多人都觉得货币的定义没什么可讲，钱就是货币，但我还是想根据自己这些年对金融体系的研究做个解释。我认为，货币的定义并不简单，且是非常有深度的，光是写这个课题的书就可以放满一屋子。

从大体上来说，这些书的理论基础分为两类：一类是"商品说"，即货币是一个特殊的商品；另一类是"国家说"，即货币是一个国家法定的东西。而我把货币定义成：**货币承载信用**。

货币就是承载大家达成统一共识的信用，主要还是作为媒介的作用。当然，货币有三个属性：**交易媒介、价值度量和储备功能**。判断一样东西是不是货币，只要看它是否具备这三个属性就可以了。

既然货币承载信用，那么根据其承载的信用的不同，货币可以分为三类：实物货币、虚拟货币、共识货币，如图 4-1 所示。

第一类是实物货币，承载的是实物，比如金、银本身是有实物使用价值（信用）的。

第二类是虚拟货币，承载发行该货币的组织的信用。

第三类是共识货币，共识货币跟前两类完全不一样。它既不承载实物的信用，也不承载发行货币组织的信用，承载的是一种共识，典型的是比特币。比特币既没有实物背书，也没有任何发行者站出来为

无边界企业：
数字时代下的平台化转型

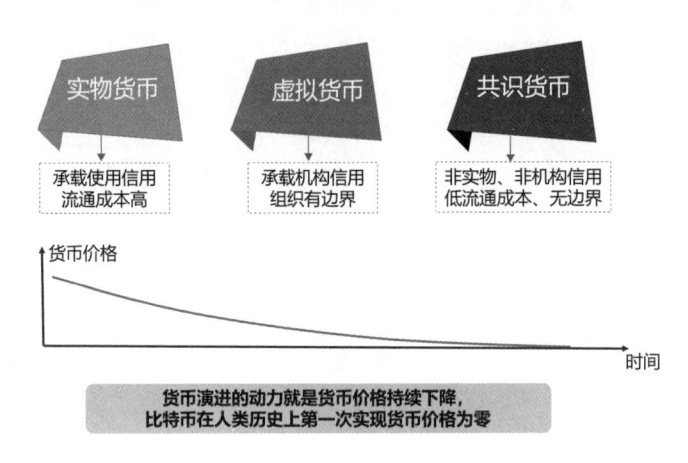

图 4-1 货币发展的三个阶段

其背书，其价值只是来自大家对它的共识。现在我们常说的数字货币、数字加密货币等，都属于共识货币。

下面我详细解释一下这三类货币，目的是让大家更好地理解比特币。比特币作为数字经济的最重要构成之一，也是区块链到目前为止最为（甚至是唯一）成功的应用。大家对此要有一个深入的理解，才能够更深刻地理解未来的数字世界。

第一类：实物货币，比如黄金、银，甚至早期的贝壳、石头等，作为实物货币的实物是具有基本价值的，还可以很方便地被切割、融合，因为这些实物没有掺入组织或机构的信用，一般来讲它的实际价格就代表货币价值。所以，实物货币比较容易理解，跟实物货币相对应的叫作虚拟货币。

第二类：虚拟货币，比如腾讯的 Q 币、盛大的点券等，承载的是发行这个货币的组织的信用。

第二部分
转型的认知升级

有的人说纸币是一类货币。在这里需要澄清一下，纸币不是一类货币，如果纸币是一个类别的话，那么塑料币是不是也应该是个类别？所以在本书中将纸币、塑料币统一称为虚拟货币。

纸币、塑料币虽然有实物做载体，但是它代表的不是那张纸的价值或价格，实际上是承载着发行该货币的组织的信用。如果发行该货币的组织是政府，那么这个虚拟货币就叫作法定货币，即法币。如果发行这个货币的组织是腾讯，那就是 Q 币。如果发行这个货币的组织是理发店，那问题来了，这是不是货币？广义上来看，这个是货币，为什么呢？因为你参加理发店储值卡存 1000 送 500 的活动，你的卡上有 1500，这 1500 的单位是什么？它跟人民币一样使用，比如说美发售价 300 元，你用完之后还剩 1200，感觉跟人民币一样。但它不是人民币，为什么呢？因为这个储值卡上的数字或点数，或叫作理发币也好，只能在这个理发店使用，也就是说，这个货币是由该理发店发行的，仅限于在该理发店使用。

官方对这种储值卡的定义是"**单用户预付费卡**"，商务部针对这种"货币"出台了一些条例，但实际上一家理发店要发行储值卡并不需要到任何部门审批。但如果储值卡具有货币的另一种属性——"**多用户预付费卡**"，可以跨法人支付，那么就需要受到相关部门的监管了。"多用户预付费卡"的特征是消费者在一家企业存了钱，到另一家企业的门店还能使用。全国范围内能跨法人支付的牌照就只发了一轮，之后再也没有补发了。从这一点我们也可以看出来，中国人民银行对这类预付卡还是按照货币体系来进行监管的,只是没有正式表态理发店的"币"也是一种货币。

第三类:共识货币,共识货币就是在没有组织号召的情况下,产生于这个信息时代的货币。实际上只有进入信息时代才有产生共识货币的可能,虽然所有的货币都有共识,但是所有的货币都是靠什么产生共识的呢?或者是黄金类的实物值钱,或者是基于组织的信用。

但是只有到了信息时代,信息传递的范围如此之大、成本如此之低,才能够把大量用户聚集起来慢慢形成一种共识,而这个共识所谓的价值基础并不存在,既不是物,也不是组织的承诺,信者有,不信者无。但是只要有绝大部分人群认可,那么依托于大家共识或信仰而流动的媒介货币也是合理的。

有人对共识货币最大的疑虑是其币值不够稳定。但币值稳定不是成为货币的先决条件。但币值不太稳定的确是共识货币暂时的一个现象,这个现象或者缺点的原因是什么?以比特币为例,以比特币为计价单元的商品范围还不够稳定。对于法币来说,是有法币的专属计价域的,比如中国大陆地区是人民币的专属计价域。对于计价域的概念,就涉及前面讲的价值度量功能。

世界范围内的所有的法币有且仅有一个专属计价域,就是它的国界以内,其中唯一的例外是美元。美元有两个专属计价域,一是美国国内,二是国际贸易。在国际贸易的世界结算中,可能是用日元、人民币等来支付,但往往要以美元签订合同,这就是美元被称为国际基础货币的原因。

其实，起初我对比特币的判断是和现在不一致的。经过反思，我发现当时自己的思维还停留在虚拟货币层面，认为判断是否属于货币有两个条件：第一，有没有发行这个货币的组织，比特币没有，从这点来看，它不符合货币的标准；第二，专属计价域，比特币到目前为止都没有它的专属计价域。

后来，我慢慢发现，在互联网这个无边界的开放体系下，一个范围内的群体对比特币的共识是非常稳定。唯一不稳定的，是以比特币计价的商品范围在急剧变化，并因此导致了比特币币值的剧烈波动。

一种货币的币值可以通过以下公式计算而得：

货币的币值 = 该货币计价的商品总量 ÷ 该货币的总量

这个公式看似精准，但靠这两个参数实际上是测不准的。就拿法币来说，一个国家内有多少商品很难说，有多少货币也很难说。但是比特币有个优势——它的总量是已知的。

现在急剧波动的是以比特币计价的商品总量，很多比特币的"信徒"有一个非常美好的期待：未来也许全世界所有的商品都会以比特币来计价，比特币成为全球的统一货币，这样的话，比特币总量的2100万货币是固定的，持有比特币的"信徒们"将会迎来非常光明的未来。

除了数量固定，比特币还有两个特点：

第一，流通成本几乎为零；

第二，比特币是无组织边界、无国界的。

所以，通过这两个特点我们可以发现，比特币的底层逻辑就是按照基础货币设计的，它对作为全球基础货币地位的美元有很大的威胁。那么，可想而知，美国是一定要禁止比特币的。

对于共识货币再做个简洁的总结：共识货币产生于现在这个新时代，并在大家达成共识的基础下产生。不要去纠结人类基于历史总结出来的所谓经验，这些经验绝大部分源自古代人对世界的认知。如果你能接受这样的货币：不去强求它必须得有一个发行组织、必须得有一个专属计价域，那么你对共识货币的接受度就非常高了。

对于大多数在20世纪80年代前出生的人来说，不论是金银还是纸币都非常具象，毕竟看得见摸得着，共识货币就不够具象。但是生于数字时代的人，比如一出生就玩iPad的新生代们对数字资产就会有很具象的感知，你拿张纸币给他们，他们可能会觉得容易遗失，使用起来又不方便。

时代总是在进步，旧的理念总是不断地被淘汰。对于共识货币我们只要把握一点：只要大众都认可它的价值，它就是个货币。

第二部分
转型的认知升级

天秤币

现在再看脸书发布的天秤币，它利用区块链技术做了个私链，没有去做公链。但它在商业模式上完全回到了组织背书的货币这个角度，即脸书组织发行一个高科技的货币。

我要强调的是，从以上文提到的货币发展的三个阶段来讲，天秤币实际上是用共识货币的技术做虚拟货币。

它首先是组织发行的，这让很多人放了心。因为区块链还是没找到中本聪[1]，出了事找谁去？而天秤币有个协会管理，还有脸书兜底。

天秤币有一个巨大的进步，是把虚拟货币、共识货币做了一个衔接。这个衔接其实是以退步为进步，看似从共识货币退回到了虚拟货币，有组织信用背书了。这与美元成为基础货币的过程是非常相似的，如果让美元在1946年"金本位"的格局下，一步跨越到当下全球以美元为基础货币的体系下是不可能的。所以，有人设计了一个布雷顿森林体系作为过渡形态，保证一盎司黄金就等于35美元，以政府的信用担保，并且履行承诺二十多年。时间来到1972年，美国忽然宣布美元和黄金脱钩了。这个短短不到30年的过渡时期非常具有划时代的意义，美国政府只往前走了半步，经过过渡期，便成功进入了虚拟货币时代。

---

[1] 比特币的开发者兼创始者。

无边界企业：
数字时代下的平台化转型

所以，天秤币在未来也可能会是这样。天秤币今天退了半步，但在技术上并没有退步，也许有一天它会宣布：今天给大家宣布一下，我不承诺跟美元挂钩了，天秤币总共发行了1000亿美元，从今天开始不增发了，天秤币的委员会也在今天解散了，为什么呢？因为委员会的权力将交由那些节点、那些软件，进行自组织。人们总是互相不信任、互相怀疑，都说人心隔肚皮，组织不可靠。很可能在某一天天秤币就会向共识货币靠拢。

如果天秤币成了共识货币，那么对比特币将是一个不小的打击，毕竟经济学理论认为未来全球只有一种货币，而且这种货币作为媒介的流动成本非常低。所以，天秤币在战略层面的意义是很重要的。

目前，各界对天秤币有许多不同的声音，比如，美国众议院金融服务委员会主席玛克辛·沃特斯在脸书公布打造天秤币的第二天就站出来说，希望脸书能够暂停天秤币的开发，直到国会和监管机构有机会对其进行审查。而国际清算银行明确表态，稳定币可能会带来很大的风险，但是赞成天秤币本身所带来的远期优势。

现在，天秤币面临的最大挑战是什么呢？那就是到底有多少从事国际贸易的金融机构愿意加入天秤币的体系。实际上1000万美元作为天秤币节点的门槛并不低，但是启动后的参与度很高，其背后表现出来的还是机构的参与意愿。天秤币的规划发展路径与比特币不同，比特币是基于纯非组织（机构）信用背书的，而天秤币则是通过组织信用背书的虚拟货币，汇率直接挂靠美元。在获取大家的信任之后，未来天秤币的发行机构脸书会通过逐步退出、放弃自己对其的话语权（"脸书最终将不拥有任何一枚天秤币"），从而最终实现与比特币相同的终极目标——既不承载实物信用，也不承载发行该货币组织信用的共识货币。天秤币可以说与比特币殊途同归，但是天秤币先借助组织信用再脱离的发展路径更容易被大众接受，就好像当初美元替代黄金时，不是一下子替代，而是先绑定黄金，承诺每盎司黄金永远兑换 35 美元，等到全世界金融体系和个人都接纳美元作为基础货币之后，1972 年宣布布雷顿森林体系终止，美元脱离黄金，从而成功地带领全世界从实物货币时代的"金本位"，走进虚拟货币时代的"美元本位"。

从商业"三流"——信息流、资金流、物流的角度来看，区块链这种信息技术可以实现信息流跟资金流（信用流）充分的融合。因此，作为有效将世界从虚拟货币时代带入共识货币时代的天秤币本身的标志性意义还是比较大的。

接着来说天秤币带来的影响：

第一，国际清算银行等机构或组织会首先被天秤币冲击。

第二，国界的弱化。前文已经提及虚拟货币体系里的典型是法币，法币有一个专属计价域：中国就是人民币的专属计价域，它是以国界行政区划为单位的。天秤币虽然属于虚拟货币领域这一类，但它本身又是跨国界的，这往前迈了一小步，而这一小步实际上对全球的整个金融体系的冲击是巨大的。

第三，监管滞后，甚至引起监管部门的恐慌。比如，以玛克辛·沃特斯为代表的监管部门的表态并不是明确禁止、或者一开始就盖棺定论天秤币是错的，而是表明天秤币要给予更充分的资料来证明其向前走的这一步迈得足够小，以至于不会对现有体系造成动荡。但是随着技术的进步，金融上的国界在慢慢弱化，监管的难度也就随之增大，因此监管机构的谨慎态度是情有可原的。

最后，我想要明确的是作为先驱者，天秤币有着很伟大的进步，值得我们去密切地关注、深入地研究。

三步"重挫"传统金融业

基于对货币本质的认识，本小节就来详细地剖析最早遭受到互联网洗礼的行业——金融业，它可能是最早的产业互联网行业。2013年是中国互联网金融的"元年"，互联网思维、互联网打法忽然开始从各个角度冲击着传统金融业的业态和格局。那时候，很多互联网金融的从业者都发觉了互联网正以摧枯拉朽之势改变着金融的本质。但是互联网真的把金融的本质改变了吗？时任五道口金融学院院长的吴晓灵对此的评价是："无论互联网金融做到了什么程度，金融的本质并没有改变。"我对此非常认同。

那么，金融的本质究竟是什么呢？其实答案很简单，金融的本质是让商业创造出来的信用流动起来。请注意，金融并不是创造了信用，

第二部分
转型的认知升级

只是让信用流动了起来。所以,过去经济学界最喜欢讲通胀、通缩,现在更关注流动性。比如,现在经济学界经常讲流动性缺失、流动性泛滥、流动性泛滥造成的结构性流动性缺失,等等。其实,流动性对金融业来说是第一位的。既然明确了金融的本质并没有被改变,那么金融业怎么又被互联网冲击了呢?

"脱媒"第一季:账户的争夺,支付的失守与信用卡消亡

传统的金融体系主要由央行和商业银行构成。你千万不要以为这套体系是理所应当存在的。它所存在的历史只有100年左右,这就意味着人类漫长的历史进程中大部分时间都没有这套体系做支撑。现在的金融体系是由央行负责发行货币,但是早期的央行不负责发行货币,只是个兜底的角色,也就是"最后贷款人"角色。比如,一家商业银行发生了挤兑,央行就赶紧推着黄金过去救急,这就能给大家发送一个信号:"咱有钱,这家银行是不会破产的!"商业银行一般都是因为流动性而破产的,在银行破产时,它的账面上往往还有很多钱,只是还没有收回来而已。所以,最初由央行充当"最后贷款人"是非常有必要的。到了1971年,布雷顿森林体系崩溃之后,全球正式进入了以美元为基础的体系,央行才具备了发行货币的职能。在这个新的体系之下,央行负责发行货币,而商业银行负责运行货币。

流通中的现金(M0)由央行负责,广义货币供应量(M2)则由商业银行负责。怎么理解呢?简单来说,就是商业银行虽然负责运行

71

无边界企业：
数字时代下的平台化转型

货币，但它同时也可以派生存款，相当于创造了货币，从 M0 到 M2 多出来的部分都是由商业银行派生出来的。比如，商业银行拿到了 20 万元的存款，它大概就能放出 100 万元贷款出去，其中 80 万元就是它自己创造出来的货币。刚开始只有商业银行有创造货币的功能，但是后来支付宝也有了这个功能。支付宝吸纳了大量的存款，后来又给很多人、很多商家贷款，这个过程就和商业银行吸储放贷一样进行了货币创造。所以，互联网金融颠覆传统金融机构做的最重要的事情就是"脱媒"。

金融机构的主要作用就是作为资金融通的媒介，所以"脱媒"就是把银行"干掉"的一个典型现象，传统金融机构的媒介被替代了。那互联网又是如何实现让传统金融机构"脱媒"的呢？总共分三个阶段，我将其称为"三季"：支付的失守、货币的争夺、清算的消失。其中第一季是已经发生的事情，第二季、第三季是我对未来趋势的一个预测，我们正在共同见证这一进程。

先看图 4–2 中最左边的关系图，讲的是如何以传统的方式实现交易闭环。实现交易闭环只需要完成两件事：支付和交付，也就是一手交钱、一手交货，形成不了这个闭环就做不成生意。问题来了："一手交钱、一手交货"，谁先松手啊？是买货方先付款，还是卖货方先发货？总之，谁先松手谁就倒霉。所以，商业银行作为中介出现了，跟双方说"你们把钱交给我，我来做中介就好了"，这是商业银行最早出现的原因。但支付这件事情并不是银行最关心的，银行最关心的事是"**资金归集**"。中国工商银行在全国约有 1.75 万个网点,这些网点是干什么用的?是为了资金归集。如果是为了放贷款,它根本不需要那么多网点。但是现在发现资金归集这个任务完全可以由线上的支付宝完成,那 1.75 万个网点就没有用了,对不对?

接下来,再来看图 4-2 中间的关系图,在互联网技术的支持下,第三方支付来了。比如,我想要在淘宝上买东西,我就把自己银行里的钱转到淘宝的账户(支付宝)里来,之后我就可以在淘宝买东西了。这时,交易闭环变成了什么样呢?钱从消费者到第三方支付(支付宝),第三方账户通知商家交付,最后商家收到货款。

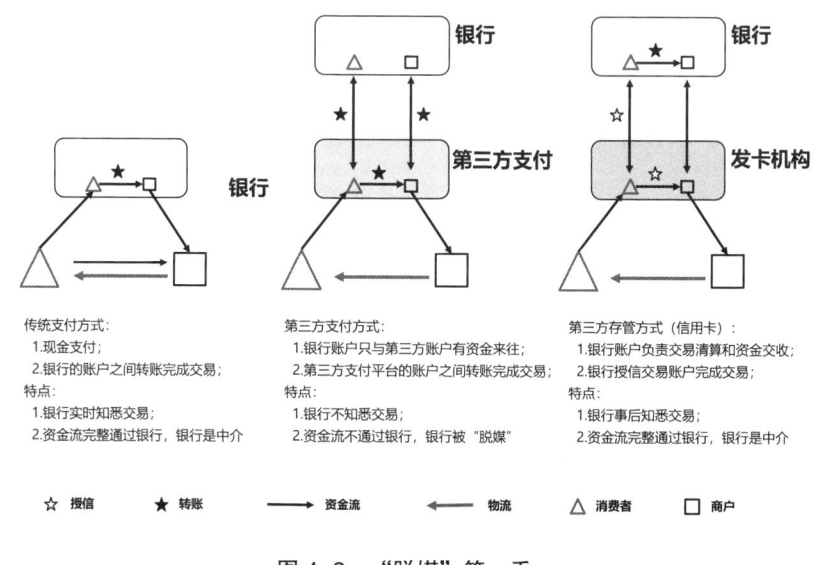

图 4-2 "脱媒"第一季

这个过程中银行去哪了?银行被从这个交易闭环里面踢出去了。所以,资金归集就被拿走了,大量的钱滞留在第三方支付平台上。

无边界企业：
数字时代下的平台化转型

当时，我曾接到过一个任务，任务目标是想办法帮银行"干掉"支付宝。我接到这个任务时，第一个想到的是谁呢？是中国银联，所以我就分析了中国银联的模型，这时候可以看下图4-2中最右侧的关系图。比如，我要刷卡买个东西，但是真正的转账行为是在哪里发生的？在银行的账户之间。所以在这个交易闭环过程中，交易银行并没有被"脱媒"。然而，我当时的第一个结论是：用银联模型去打第三方支付模式是打不动的。为什么这么说呢？因为它没有资金归集的能力，只是一个通道而已。后来的事实证明了我当时的判断。第二个结论是：资金池是最重要的。在我们团队做完任务相关研究的第二年，央行（中国人民银行，简称"央行"）就发布了两个命令：第一，第三方支付平台不能做信用担保；第二，第三方支付平台不能做资金池。

第二个命令的执行一波三折，在一开始并没有被执行，后来又要求必须严格执行，要求各家都把钱存到银行里面去，叫作存管模式。但实行效果仍然不好，之后就推出了网联模式。网联模式不允许第三方支付平台跟银行直接对接，而是要通过网联来对接。网联模式的执行实际上是为了便于政府管控，如果基于市场的要求，实际上是没有必要推出网联模式的。

总之，在支付上，互联网做到了两件事：第一，互联网支付夺走了金融领域中与使用者交互频次的制高点；第二，互联网支付夺走了商业银行的账户。在使用第三方支付平台进行交易后，背后是哪个商业银行的账户就也不重要了。

"脱媒"第二季：货币的争夺

在第二个阶段，比特币出现了。在虚拟货币阶段，也就是以国家信用为基础的法币为主要交易货币的阶段，商业银行是作为运行货币的专业机构而存在的，它可以通过吸储放贷放大货币乘数，但如果法币都消失了，那么银行机构存在的重要意义就不复存在了。

在上一节中曾提及，货币的核心是承载信用，根据这一条，本书又将货币分成了三类：实物货币、虚拟货币和共识货币。

而比特币是目前来看最有望成为共识货币的货币，它有三个特点：第一，数量固定；第二，流通成本几乎为零；第三，使用上无边界、无国界。以上三个特点也是比特币修复虚拟货币最大问题的三个全面优势。

但是在成为共识货币的过程中，比特币还需要继续"破圈"，解决各国货币当局的担忧和阻碍、扩充专属计价域、凝聚更大范围共识等问题。但是时代的车轮总会滚滚向前，旧事物、旧观念总是在被淘汰。而一旦虚拟货币的典型代表——法币丢失了战场，那么商业银行在法币时期的重要价值也就消失了，这便是银行"脱媒"的第二季。

"脱媒"第三季：清算的消失

接下来，是金融"脱媒"的第三季，区块链技术会让银行的清算失守。其实，银行业最重要的两个业务分别是支付和清算。

无边界企业：
数字时代下的平台化转型

通常大家都以为银行赚的是存贷差，而支付和清算却被忽略了。支付业务在"脱媒"第一季中已经被打败，而清算业务也面临危机，因为区块链技术出现了。为什么区块链出现后，清算就消失了呢？

见图4-3，分账模式有两类：图中左侧的是间接分账模式，右侧的是直接分账模式。

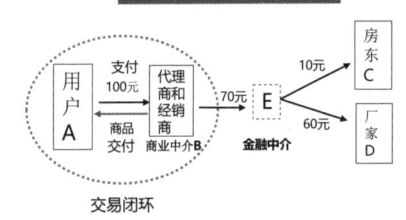

- **中心化：**
  商誉集中在处于中心化的商户B：对消费者表达为商业信誉（包括产品质量、服务水平等）；对供货商则表达为合同信用，包括付款及时性等。

- **供方与消费方之间没有直接结算关联：**
  供货商D只与商户B发生商业关系，并按合同执行。供货商与消费者之间没有直接的结算关系，所以无须看到消费账单，也就不存在根据消费账单进行对账的需求。

- **结算周期长、手续流程繁杂：**
  供应商与商户之间的结算一直是"老大难"问题，从合同执行、验收到付款流程、审批、资金安排等，耗时耗力，是交易成本的重要组成部分。银行作为一个中介环节方便了商业的发展，但同时增加了交易成本。不从模式上突破这些问题，将无法更进一步降低交易成本。

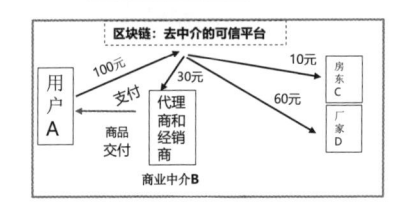

- **去中心化：**
  交易动作发生在消费者和商户之间，但是由于实现了每笔结算/清算，实际的交易闭环发生在消费者与供货方，甚至是消费者与生产厂家，为M2C/F2C奠定基础。商户的商业信用中心化和银行的金融信用中心化都将消失。

- **分布式可信账本：**
  人心隔肚皮、组织不可靠，能信任的只有技术。区块链构建可信的信息平台，并为可信的非面对面中介交易奠定基础。

- **自动清算自动对账，交易成本极低：**
  所有参与方实时结算，每笔完成清算，中间环节成本低；清结算颗粒度细致到每一笔交易等，失误损失微型化，可做到实时风控，甚至"量子风控"，颠覆现有所有资金运行模式。

注：M2C/F2C均指从厂商到消费者的商业模式。

图4-3 "脱媒"第三季

先看左侧的间接分账模式，过去我去商店买一箱可口可乐需要100元，我的支付过程叫作资金流，我把可乐拿走叫作物流，我给商店100元，商店给我可乐，这次交易就结束了。到了月底，商店会把这100元中的60元转给厂商、10元给房东。给厂商的60元中又会有一部分给了批发商，也就是商业中介。因为钱都通过银行清算，所以银行是金融中介。因此,要完成一笔从用户到产业链最上游的厂商之间的全过程,实际上要经过很多道中介。银行在这个交易过程中就是在做清算,把该给谁多少钱拆开、算清楚,这是传统的模式。

有了区块链之后,就实现了图 4-3 右侧的直接分账模式。还是以我到商店买可口可乐为例,在适应区块链的情况下,在我付 100 元的瞬间,这些钱就会根据智能合约进行执行。这个过程是这样的:就像把这笔钱往天上一扔,然后区块链把这个钱接住了,根据相应智能合约的规定,造瓶子的厂商拿 0.5 元,可口可乐公司拿 60 元,房东拿 10 元……

总而言之,在一瞬间,所有参与这次交易的人都可以拿到自己的那份钱。

但是这存在着颗粒度的问题,也许一开始只有 5 个人分这 100 元,其中某一个人再递归下去,一层层递归下去,如果递归的技术成本足够低,那么"瞬间分钱"就可以成为现实。这种直接分账模式绝不只是一个更快捷的支付方式,它带来的最大改变不是支付,也不是清算。那么,它带来最大的改变是什么呢?

它带来最大的改变是"打通上下游",人类第一次把涉及交易的上下游全部打通了。打通上下游又是什么意思呢?假设你是交易过程的中间厂商,以你为准往上的流程叫上游(包括各种供应原材料的商家),往下叫下游(一级批发商、二级批发商等),在直接分账模式下,下游消费的同时,供给侧也可以获得信息,而在过去,上游的供

无边界企业：
数字时代下的平台化转型

应商没有办法知道下游产生了消费行为。这是怎么做到的呢？就是靠区块链把每笔交易都记下来。这有什么好处吗？好处太大了，可以让厂商即时地调整自己的经营策略。对于消费者来说，一罐可乐2元；而对于可口可乐公司来说，那一罐可乐成本就太低了。如果可口可乐公司得知在一箱可乐里放进去3罐"再来一罐"中奖可乐的情况下，一天能够卖100箱；放5罐"再来一罐"就能卖300箱。如果你是可口可乐公司的负责人，你准备一箱里放几罐？我准备放6罐，也许会出现销量更高的情况；也许当一箱可乐里有7罐或是8罐"再来一罐"时，一天的销量依旧是那么多，没有出现增长，那么就可以把数量恢复到6罐，上游可以调整得非常快。

在过去，产业内的反射弧是非常之长的。长到什么程度呢？比如，月初给货，月底的时候才结账给厂商，厂商才知道代理商、经销商卖了多少箱，代理商和经销商还总是拖欠账款。而且他们给到的销售额数字可能也是假的，没卖出去的也都会完成结算。在区块链技术应用之前，厂商完全不知道该怎么去应对用户的需求。而在应用区块链之后，银行就面临困境，央行体系变成这种扁平化的平台，支付都会消失。

关于区块链我希望大家能记住以下两点：第一，到目前为止，人类对区块链技术的想象力还太过匮乏；第二，现有的商业场景都不适用于区块链，所以必须要创造一个完整的区块链场景，才能够真正实现区块链的应用。很多人总是在讲"要找到区块链可以使用的场景"，这句话是错的，不是要找到，而是要创造区块链适用的场景。

第二部分
转型的认知升级

既然区块链这么重要,那么这套体系对现有金融产生的冲击是什么呢?整个产业的运作模式都可能会被颠覆。在这个场景下,整个银行业会被进一步"重挫",现有金融体系的运作基础都会被撼动。

现有金融体系的运作模式是什么呢?即信用中介承担了创造信用的职能,也就是由商业银行来"凭空创造"货币。在区块链时代,金融体系的运作模式是信用主体创造信用。信用的主体是商业机构,而不是银行业,银行业只是让它流动起来。现在就遇到了一个问题,到了比特币时代,货币总量是不变的,在只剩下 M0 的情况下还需要 M2 吗?答案是要的。那又如何创造 M2?比特币会成为本位货币,就像黄金和美元一样,在比特币之上构建 ICO(首次币发行)。

什么是 ICO?比如,我拥有全球最大的土豆交易市场,且每年的土豆交易总额是 10 亿元。然后,我就发行了 10 亿的土豆币。土豆币可在土豆交易市场内用于交易,因为没有涉及资金划转,所以不需要交税。因此,在土豆交易市场里面的各个买家、买手都会购买土豆币,把土豆币用作交易媒介在土豆交易市场中使用。但是 3 年后,土豆交易市场的年交易总额增长至 100 亿元,可土豆币总量仍然保持 10 亿元。这时候,土豆币的价格会升吗?答案是肯定的。土豆币承载的是土豆币交易市场本身的信用,而我作为土豆交易市场的拥有者,并不是金融机构。当土豆交易市场的业务增加,比如年交易额从 10 亿元变成 1000 亿元的时候,土豆币的价值就涨了 100 倍。这个货币体系是成立的。但是今天有很多的学者认为,比特币是不能够成立的,原因就是它不能创造 M2，但是通过土豆币的例子我们可以发现 M2 被创造出来了。

所以，基于区块链的商业体系会把商业的信用发挥到极致。互联网会让传统企业聚合在一个平台上，这个平台有可能会发行货币，而这个货币就代表了整个产业的流通的信用。

以区块链为基础的全球贸易的效率更高，成本更低。我曾经给某家企业做过模式分析的咨询，假设情况如下：油田的原油售价是 80 美元/桶，贸易商购买原油后，通过船运将其运送至中国，再以 90 美元/桶的价格卖给炼油厂，炼油厂炼完后再以 100 美元/桶的价格卖给加油站。结果 4 个月后，原油的价格暴跌，消费者只需要付 50 美元/桶的成本价就可以到加油站加油，加油站遭受了极大的损失，如图 4-4 所示。

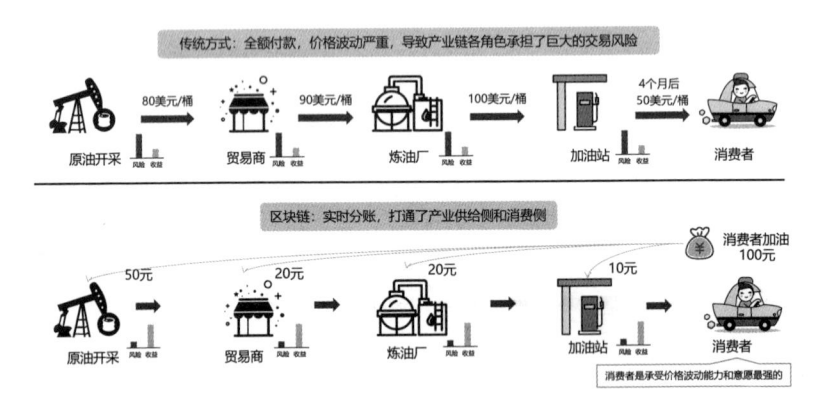

图 4-4 区块链打通交易上下游

第二部分
转型的认知升级

不知道你注意到没有？在该产业链的每一环节都要需要现金结算，并付出相当可观的资金成本，整个产业链条的交易费用是非常高的。在这个过程中，金融机构需要做期货或其他资金融通的服务，最后发现该产业链的参与者赚的钱，可能还不如金融机构赚得多。但是如果在这个过程中没有金融工具参与，产业链的各个环节就无法面对波动油价带来的风险，也就无法完成闭环。

以这个产业链条中的炼油厂为例，其每年对原油的需求量非常大，每年要花大量现金购买原油，原油价格波动直接影响到它的生死存亡。在旧有的模式里，可能贸易商运输原油要 3 个星期，炼油厂炼油要 3 个月，而炼油厂支付的原油成本是 4 个月之前的价格，4 个月以后成本价格可能会出现很大的变化，由此给整个产业链带来了巨大的风险。如果将整个链条上链，**链条中间的所有节点——贸易商、炼油厂、加油站都不用与上一个节点进行现金交割，而是使用由区块链背书的"石油币"来实现分布式记账。也就是说，在中间交易过程只是记录交易而没有结算。**到链条的最后一步，等消费者在加油站加油付款的时候，可以反向同时进行"支付 + 清算"，就是说消费者在加油站加 100 元汽油的时候，这 100 元就瞬间反向按照区块链的智能合约自动分配到从油田到油轮到炼油厂的每个环节。当然，构建这个体系除了区块链技术，还需物联网技术以确保从原油到最终端成品油销售的封闭运行。

在传统原油期货模式里，各个环节承担油价波动风险的能力和意愿都非常低；而在区块链模式下，油价波动对只收取运输费用的油轮

无边界企业：
数字时代下的平台化转型

和加工费用的炼油厂没有影响，承担油价波动风险的是最终消费者。而最终消费者对承担油价波动的意愿和能力都比较强。对于消费者而言，油价与他提加油枪瞬间的国际油价相对应，消费者即便知道他加的油是几个月前的石油提炼的，但他们仍然愿意接受一个实时与国际油价对应波动的汽油价格。

此外，这种区块链石油交易模式也一改过去只有石油生产国才对石油价格有话语权的局面，现在可以让消费侧对石油价格有话语权。国际上三大国际石油交易市场的原油价格，包括美国纽约商品交易所轻质低硫原油价格、英国伦敦国际石油交易所北海布伦特原油价格和阿联酋迪拜原油价格都是以产油基地为基础的原油交易价格，说明这个链条上的产油国对原油价格一直拥有话语权，而代表着石油消费侧的、2018年3月26日挂牌的上海国际能源交易中心，成为第四大原油交易市场，如果采用"区块链+物联网"的反向清结算模式恰好可以一改原油生产国控制原油价格话语权的传统，让中国这个最大的消费市场变成实际价格话语权者。就好像传统线下零售店总是存在店大欺客的情况，而互联网时代的淘宝电商消费者通过一个小小的"差评"，就完全颠覆了传统零售店内场景，让消费者在线上真正掌握了消费主动权。未来通过区块链、物联网等新一代数字科技的应用，我们可以看到更多的传统模式整行业整建制的发生逆转。

最后，我们再回顾一下本节重点，来看看传统金融机构被互联网、物联网、区块链"脱媒"而最终消失的三部曲：**支付的失守、货币的**

争夺和清算的消失。

通过以上三个阶段，整个产业链会被打通，整个社会的商业效率将得到极大提升。

互联网重塑金融业仅仅是产业互联网的一个开端，并不是单一行业的个例。消费互联网从颠覆零售业开始突破，产业互联网在重构供给侧要素市场的同时，大概率会从金融体系率先突破。这是摆在所有敢于直面未来的银行面前的一个重大课题。基于区块链的共识货币的运行，使得"去信用中介"的商业世界成为可能，对未来世界的判断需要一定的想象力，对于多数准备迎接数字时代到来的人来说，可能还只是恍惚之中的海市蜃楼，但是未来已来，被重做一遍，你所需要思考的问题是：这个未来趋势对你的企业是利好还是利空？在新的产业链条里，你的企业将以怎样的方式生存下去？

区块链技术对产业产生的冲击

为了让我之前描述的场景显得更清晰可见，我想专门用一小节的内容来描述一下区块链到来之后的世界是什么样子的。

我认为，人的每一个行为，甚至制造业公司的每个行为都是商业行为。而商业这一轮巨大的变化在于——区块链技术可以实现打通供给侧和消费侧，让人类新一轮的数字商业时代得以启动。

正如前文所述，区块链有能力让信用流转得非常精准，在使用者

无边界企业：
数字时代下的平台化转型

付钱的最后一刻，才进行分账。前面举了可口可乐工厂的例子，在最后消费者购买可乐的时刻，供给侧的可口可乐工厂和中间环节都同时知晓了这笔交易。

有人可能想说，其实用互联网技术就能实现打通产业链的上下游。没错，但问题在于：**有没有机会通过互联网技术打通整个链条？答案是：有机会，但是没动力。**假设我是零售店老板，会存在什么动力让我每卖出一罐可口可乐，就自发地通知可口可乐公司我刚刚卖出一罐的销售情况吗？

所以，依靠互联网去打穿产业上下游的商业模式其实缺乏驱动力，而在区块链技术基础下的商业模式凭借分账提供了这一驱动力。

零售商觉得他每卖一罐可口可乐所得的钱，都可以通过分账的方式切实地落到自己口袋里，而且区块链技术可以做到非常精准，让产业链中的每个环节都不会少赚一分钱。

在传统商业世界，商品的生产制造端、零售端和金融服务端都是相对独立的。而在新一轮的商业时代下，也就是互联网、区块链、物联网结合的时候，零售过程和消费过程是关联在一起的。

比如，在上一节中提到的原油开采到汽车加油的过程，生产端是原油开采到炼油厂的部分，零售端是炼油厂产出的汽油运到加油站的过程，而消费端是消费者到加油站加油的过程。在区块链的模式下，这三方是完全一体的。

我称之为新商业浪潮中的**新制造、新零售、新金融。**

这三个"新"非常重要,值得我们反复揣摩,因为它们与产业链的全过程是逐一对应的。如果基于区块链应用的产业端模式落地做得足够好,那么金融业会因此发生巨大变化。也许在未来世界里,甚至不再需要银行这种金融机构,因为在新的框架下,每个参与产业链的企业和消费者的每个动作都变成了金融行为。"新金融"模式就此产生,人类也就不再需要银行的网点了。而零售商可能不再聚焦于进货、卖货,它们更像是物流的中转站,因为不断会有新的订单进来、再由零售商完成配送,过去的"人—货—场"的传统模型都可能会因此消失,这就是"新零售"。

继互联网技术之后,区块链技术在产业中的应用会再一次彻底地改变全产业的运作模式,重塑现有的商业体系。

第五章　产业互联网发展方向

改进、创新、转型的区别

前文探讨了互联网已经给商业世界带来的变化、区块链未来能给产业带来的冲击、在进程中的产业互联网，以及即将到来的数字时代下的商业变革，这些都是站在整个商业世界的维度看时代的变化。

那么，在商业模式巨变的背景下，具体到每家企业、每个人要做什么呢？那就是每个企业家都在关心的创新和转型。

对于创新和转型，我的理念是：**传统企业能改进绝不创新，能创新绝不转型。**

具体到每个人所经营的企业，大家可能会感到疑惑，究竟是要改进、创新，还是转型呢？首先需要厘清这几个模式的区别。

第二部分
转型的认知升级

创新和转型的概念

人们经常会混淆创新和转型的概念,我曾多次听到一些公司的领导讲话中涉及的都是创新的内容,最后总结却说要实现公司的伟大转型。

任何一个行业都有其依赖的基础性资源。 比如,出租车行业的基础性资源是出租车牌照,曾经出租车运营牌照的市场价格高达百万元。银行业的基础性资源是什么?也是牌照。农业的基础性资源是什么?是土地。

所以我对创新和转型的定义如下:

创新是公司利用其所在行业的基础性资源的方式发生了转变;
转型是公司所依赖的基础性资源消失,或者被主动放弃。

讲一个故事,让你更好地理解创新和转型的真正区别。

农民老李原先是种土豆的,但种土豆不挣钱,他就决定改种玉米。这是属于创新还是转型呢?都不是,这叫改进!为什么?因为老李所依赖的基础性资源——土地没有被他放弃,所以这种改变还算不上创新,也就更谈不上转型。

后来,老李觉得种玉米也不赚钱,准备改种中药药材,这种改变是转型还是创新呢?因为种药材和种粮食是两个不相关的产业,商业

**无边界企业：
数字时代下的平台化转型**

模式也完全不同，不像种土豆和种玉米属于一个商业模式，他利用土地的方式已经转变了，所以，老李改种药材就算是创新了。**在创新发生的时候，商业模式会发生变化。**

再后来，老李发现自己最擅长的事情就是：找块地，挖个坑，放点东西进去，等长出来，把它卖了。于是，老李不再种药材，开始"种房子"，做开发商，并赚了很多钱。那么老李从种药材改为"种房子"，这是转型还是叫创新呢？前后差异这么大，你的第一反应应该会觉得这属于转型了。但是，地产业的基础性资源还是土地，所以这个转变过程应该还是定义为创新。不需要去争论老李事业转变的具体定义，我通过这样一个"脑洞"大开的故事想要告诉你的重点是：**如何利用公司的基础性资源才是公司运营的关键！**

这时候你可能会发现了一个问题，在这个故事里没有出现转型。其实故事还没讲完，老李的儿子农民小李没选择继承父亲的事业，而是选择来到深圳打工。他所依赖的基础性资源——土地，被彻底放弃了，这时农民小李就做到了真正意义上的转型。

不要轻易转型

如果你理解了上面的故事，那么就会发现转型的代价是巨大的。如果你正在思考自己的企业要不要转型，那么需要扪心自问的是，你是否舍得放弃自己手中的这些资源？

所以，不要轻易创新，更不要轻易转型。**我非常鼓励有思想、有**

境界、有能力和有资源的企业家做一件事,那就是改进。持续改进会让你的企业习惯于改变,当你不想再局限于改进,就会开始尝试创新,当你只做创新时,也就有能力做转型了。

"能改进,绝不创新,能创新,绝不转型"是想告诉你,转型的风险非常大,且公司体量越大,需要承担的转型风险就越大。

你可能会觉得,农民小李去深圳打工不是很好吗?为什么农民小李的转型这么简单?因为小李就只有一亩三分地,失去的成本并不高,他可以思考一晚上就从家乡直接跑到深圳打工去。但是换作是拥有百亿元资产的大企业,转型失败的成本就非常高。

同样,创新也不是一件容易的事。如果把故事中农民老李扩大成一家企业,这家企业本来是做自产自销的粮食生意的,那么企业会很熟悉种植、储存、销售粮食的流程。但如果这家公司突然宣布要改种中药药材,那么他们要面对的就是新的环节、经营模式和上下游,这种全新的变化将带来巨大的挑战。

之所以谈到创新和转型的困难之处,并不是反对企业尝试创新和转型,而是为了强调最基本的改进一定要抓好,如果能抓好改进,也许企业就不需要置身于更高风险的下一个阶段了。

把握基础性资源

无论是改进、创新还是转型,重要的是企业家要非常清楚地知道自己所依赖的基础性资源是什么。

无边界企业：
数字时代下的平台化转型

我有一位修手机的朋友，他平时很注重维系客户关系，在日常中就经常和老客户微信沟通。他的微信好友数量是顶格存储的，大概有5000个客户的微信。他曾经尝试了很多自己想做的事情，但每一次都以失败告终。每次失败后，他就回去接着修手机，而老客户还会继续找他修手机。

起初我特别惊讶，后来才想清楚，客户正是我这个朋友的基础性资源，他把微信里的客户都牢牢地把握在自己手里。所以他可以做到每修一段时间手机，赚点钱，就又开始去折腾自己想做的事情，失败后他再回来重操旧业。他在折腾其他事情的时候，他的基础性资源一直没有流失掉，而基础性资源是非常宝贵的。

在基础性资源背后，我们需要关注的另一个要点是核心业务。任何一个企业的管理者都一定要把自己的核心业务想清楚、做深做透，如果没有办法用三句话把自己的核心业务讲清楚，那么你的核心业务大概是没有竞争力的。而检验核心业务是不是稳固的方法就是看核心业务是不是与基础性资源牢固地绑定在一起。

转型要立足于行业

在任何一个行业中，排名前三的企业肩负着整个行业转型的重任。很多企业家可能有疑惑，他掌管的只是一家企业，为什么要带领行业转型呢？

第一，如果只是立足于企业的转型，把格局锁在自己企业的得失之中，成功率并不高，而当企业家立足于本行业转型，则可以跳脱出公司自身想要超过竞争对手的执念，反而比较容易成功。

第二，假如企业通过行业的视角转型成功了，那么这家企业将从原先行业中的领跑者转变成整个行业生态的搭建者。

总而言之，转型这件事情是非常有挑战性的，但是如果要尝试，就要立足于整个行业做转型。

对该小节的内容做个总结：任何一个行业都有其依赖的基础性资源。如何区分创新和转型？创新是指企业利用基础性资源的方式发生转变，而转型是指企业所依赖的基础性资源消失或被主动放弃。创新和转型都是非常高风险的事情，利用好企业的基础性资源做持续的改进，才是每个企业家应该优先考虑的方式。

如果企业真的要做转型，那么要以"右侧世界"的方式切入，从个体企业的视角跳出来，立足于整个行业进行转型，才能有更高的成功率，也能带来更丰厚的回报。

请记住：**能改进绝不创新，能创新绝不转型。**

商业"三流"视角下的互联网"颠覆"

互联网与"颠覆"

过去的十年，几乎谈及互联网就要谈"颠覆"，前面的章节中解释了这个说法的成因，互联网在冲击传统行业的时候，有一个很普遍

无边界企业：
数字时代下的平台化转型

且很有趣的特征，那就是对各行业的传统运作模式进行整建制颠覆。

假设某家传统企业在其所处的行业中排名第三位，那么该企业努力的目标是"今年干掉老二，自己当老二，明年干掉老大，自己当老大"。这是传统企业的典型竞争模式。但在互联网遇到传统企业的时候，互联网公司的逻辑是"升维思考、降维打击"，升维就是从传统企业的产权边界纬度上升到互联网的规则边界，从一开始就尝试重新制定这个行业的规则，如果失败就选择下一个行业从头再来，而不是拘泥于一个创新的产品，或者仅仅提高效率等传统方式。

第四章在讲述关于金融行业互联网化的过程中，就非常全面地展现了互联网替代、整合、颠覆的过程。

跨界创新

很多人有个误解，认为卖白菜的不去卖白菜，去做物业去了，就叫跨界创新。

不是的，这叫跳槽。

那到底什么才是跨界创新呢？

卖白菜的把白菜卖到极致，把整个小区的人服务得太好，把物业"干掉了"，这叫作跨界创新。

互联网企业重塑传统行业是指彻底改变整个行业的运行逻辑，在这种情况下，该行业的企业家们还可以做一些心理准备，只要拥抱新的行业逻辑，就可以继续生存下去。**但互联网行业跨界创新指的是互**

第二部分 转型的认知升级

联网行业在重塑 A 行业的同时颠覆了 B 行业的领域，在这种情况下，身处 B 行业的传统企业可能很难找到转型的出路。

举个例子，网约车平台是奔着出租车行业去的，传统出租车行业跟网约车平台竞争，其他各行业就看热闹鼓掌。但是网约车平台出现后，最受影响的竟然是交通广播电台。因为交通广播电台会在路况播报中间插播广告，以此盈利赚钱，而这种节目的主要受众是出租车司机。每天自驾车通勤的人几乎不听路况播报，因为每天都开相同的路线，他们对路况很熟，情况变化不大。但是出租车司机会去听实时路况，然后实时切换路线，乘坐出租车的乘客也会跟着听广告，出租车司机和出租车乘客就是广播电台的消费群体。

但是打车软件推广开之后，司机用手机抢单，盯着打车软件上的规划路线走，就没人听广播电台的广告了，于是交通广播电台面临危机。为了应对这种情况，交通广播电台该怎么办？2013 年，北京交通台自己发布了一款打车软件，但该软件以失败告终。所以，在互联网和传统行业的结合中，很多行业赖以生存的商业环境都发生了变化。

这个例子只是互联网和传统行业结合的一个缩影，如今各行各业都在发生着类似的事情。有的行业正在互联网的助推下做颠覆式转型，而有的行业在这个过程中则以"被短路"的方式被淘汰。

行业的边界正在消失

所以，跨界创新是指一个行业会跨行业范围对整个行业进行颠覆。

无边界企业：
数字时代下的平台化转型

为什么互联网会造成如此大范围颠覆的发生？互联网不是一个简单提高效率的技术，而是令信息流替代物流成为"物流—信息流—资金流"模型中的新的基础流。从商品产生到工业革命的数千年历程中，物流一直是信息流和资金流的基础，即几千年来信息流和资金流都依托物流而存在。在这个基础上，我们逐渐形成了商业稳定的垂直行业分工。互联网出现后，我们发现信息流迅速扩张，过去的以物流为基础的三流模式变成了以信息流为基础的新的三流模式，物流和资金流都慢慢转向以信息流为基础流了。这个经济体三流模式的基础性转变就引发了在其基础上构建的所有行业的剧烈变动，而你所耳熟能详的传统垂直可能都需要重新划分了。这就是为什么有人说：所有的行业都值得被重新做一遍。

我们能够看到的，就是在信息流的强力参与下，行业与行业间的界限正在慢慢消失。

以零售为例：老王开了个卖杯子的实体店，各种款式的杯子很受消费者欢迎，于是又去淘宝开了个网店。由于互联网能够触达更多的客户，老王的网店生意红火，他的生活就也发生了很大变化。老王开始每天早上5点半起床，晚上11点半休息，整天都在对着电脑里的订单发快递。

那么问题来了，老王到底是个发快递的，还是个卖杯子的？老王每晚躺在床上都会对自己进行灵魂拷问："我到底是谁？"老王从早到晚都在发快递，同时也兼顾实体店的生意，但是招呼进店买杯子的客人反而耽误了更多杯子订单的发货。后来老王决定不在实体店招呼客人了，干脆找了个偏僻的大仓库，每天在仓库里发货。

在互联网还没有遇到发展瓶颈，大批量的商家回归线下之前，传统的商业门面都面临着店铺租价下降、传统夫妻店越来越少的情况。这种情况被称为"交互界面的消失"。

直到互联网流量增长触顶，线上线下相结合，互相促进、互为补充的"新零售"模式开始兴起，线下店铺的需求量反弹，店铺租价才实现了回升。当然，在经历了疫情的冲击后，线下商业店铺的经营情况还远没有回归到早期水平，"新零售"模式下的线下店面只是互联网企业触点的场景体验延伸，整体来说，大量线下的流量还是被线上分流了。

从垂直细分到横向分工

在传统商业时期，小店主为什么要开店呢？为了创造一个交互的界面，客户进店后，商品就有了和客户交互的机会。

而在信息时代，垂直行业的边界面临着消失，很多垂直行业在融合，融合得最好的就变成横向分工。

过去的细化分工是垂直方向的细化，比如，一个只生产锄头的铁匠铺，它细化分工的方向大概是从只生成锄头到只生产大号的锄头，再到只生产铁质的大号锄头，越分越细⋯⋯但是现在的分工是什么？现在是越分越薄，比如，支付业务在以前只是银行业众多方向上很不起眼的一个动作，而如今竟然成为一个行业，即支付行业，这就是个横向的分工。

横向分工带来的是什么？是专业化吗？不，是规模化。专业化不是一个结果，而是一个中间现象。横向细分到每一个分支的小领域都可以进行规模化。对于企业来说，最重要就是规模化。

所以，信息时代最重要的变化就是两件事：第一是跨界创新，带来行业之间的边界消失；第二是横向分工，带来规模化。

这是信息时代的结构性变化，在各行各业都在高呼转型口号的今天，这两点是企业转型应该抓住的变量。

从组织力到动员力

随着互联网公司的兴起，商业界刮起了一波研究"互联网模式"的风潮。因为在传统企业兢兢业业、辛苦打拼的时候，互联网公司似乎游刃有余。很多人表示不明白，为什么这些互联网企业没有什么重资产，靠着一些软件就可以动辄估值几万亿元。互联网对传统行业的运作模式进行整建制颠覆，从争做行业第一，到全行业规则统一。

那么，如何判定一家企业是互联网企业还是传统企业呢？很多人会想到，互联网企业大多以开发软件为主要业务，能够通过信息化的手段去改变自身的效率。那么，在开发软件方面的投入多少就是互联网企业和传统企业的区别吗？

中国工商银行迄今为止已经花了上千亿元的资金去做信息化系统，但从商业维度上看，仍然把它判定为传统企业，而不是阿里巴巴、腾讯这样的互联网企业。

答案应该是：互联网企业和传统企业的本质区别是对资源的组织形式不同。传统企业驱动的大部分资源都来自拥有产权的资源，而互联网公司所驱动的大部分资源都来自不拥有产权的资源。

组织力到动员力

假设你要开家工厂，就需要先有一块地，然后在这块地上盖好厂房，再买一套设备，并雇佣工人，最后给工人发工资。工人在工作时间内也属于你的产权。**所以，传统企业最核心的表现就在于：传统企业所驱动的资源大都是其拥有产权的资源。**

再来看看互联网企业，它们不拥有自己所驱动的大部分资源的产权。以网约车平台为例，消费者通过网约车平台打到了一辆车，车牌是网约车平台的吗？车是网约车平台的吗？司机是网约车平台的员工吗？车的油钱是网约车平台承担的吗？叫车的手机、接单的手机是网约车平台的吗？都不是，唯一属于网约车平台的仅仅是那个打车软件，而且网约车平台还把软件免费供消费者使用了。所以消费者打到一辆网约车平台的车，并到达目的地这个过程中，没有一样东西、一个人的产权是属于网约车平台的。但是这些资源都在为网约车平台创造利润，这就是对资源的组织形式不同。

无边界企业：
数字时代下的平台化转型

传统企业可以驱动它拥有产权的资源，它组织这些资源来做一件事情，这种形式叫作组织力。而互联网企业驱动它不拥有产权的资源，这种形式叫作动员力。

你可以思考一下自己的企业，是在使用组织力驱动自己产权范围内的资源，还是在使用动员力驱动不属于自己产权范围内的资源呢？如果你的企业是一家传统企业，想要转型，应该怎么办？答案很简单，就是让企业的组织形式从组织力转化为动员力，也就是用动员力进行市场要素的组织，取代用组织力进行产权内资源的组织，那么企业就实现了转型。

为了进一步说明动员力和组织力的巨大区别，先来明确一下企业的定义是什么。企业是市场要素的组织形式，而土地、劳动力、资本都是最基础的市场要素。所以，传统企业就是把土地、劳动力、资本组织到一起，用组织力来做这些产权范围内的要素的管理。讲到这里你意识到没有？传统企业的抗风险能力很低，当企业遭遇到疫情，就得停产，很多企业选择裁员、降薪，当然也可以选择咬着牙给员工发工资，但是能坚持几个月？但如果你的企业的组织形式是使用动员力，那么企业的抗风险能力会高很多。在网约车平台的例子中，它就不需要给司机发工资、不用养车。你可以想象一下，假设全国有超过1000万名司机为某网约车平台打工，该平台却不需要给这些司机发工资，将其和你的企业组织的形式对比一下，感觉如何？

这就是动员力和组织力的巨大差别。

接下来，再来明确一下什么叫产权。**经济学上对产权的定义是"剩余索取权"。**

假设一家工厂的产权是我的，该工厂营业一年的收入在支付完各种成本费、税费之后，剩下的 100 万元就属于我。所以，只要证明我有权获得这家工厂到年底剩余的所有利润，就说明我拥有这家工厂的完整产权。那么再来看网约车平台的例子，网约车平台与司机签订了一个协议，协议内容包括，司机从网约车平台接的单子，每 100 元收入里有 20 元属于网约车平台，剩余的 80 元都是司机的所得。在这种情况下，网约车平台的司机就拥有了每 100 元中 80 元的产权，他也拿到了剩余索取权。在大概 2019 年的时候，我的团队统计过当时网约车平台司机的月收入，其中北京的网约车平台司机的平均月收入是 6000 ~ 7000 元，和当时开出租车的司机收入水平基本一致。但是你想一想，网约车平台司机和传统的出租车司机的服务态度哪个更好？从整体水平上来看，很明显网约车司机的服务态度比出租车司机的更好。他们的收入水平一致，为什么服务态度却有区别？我认为或多或少是因为出租车司机觉得自己是在给别人打工，出租车公司在"剥削"他，在工作的同时心里有许多不满。网约车平台的司机不需要 KPI 考核，不需要大会小会统一思想、贯彻企业文化，司机们却很自觉地为自己的剩余索取权而奋斗——他们努力争取并珍惜乘客的每一个好评，甚至努力在各个方面都比传统出租车司机做得更好。

所以，做企业就要尝试从组织力转变为动员力。这种转变是符合人性的，是尊重产权的。如果你还想把产权牢牢地抓在自己手中，无视动员力资源中丰富的产权结构，那么你的企业就没有机会进化到动员力的层面。在这样的情况下，数字技术能帮你的只有"进销存"的管理而已，只能提升一些工作的效率，并没有站在更高的维度上让企业得到本质的转变。

企业领导者需要具备的能力

随着企业的组织形态的变化，企业领导者需要具备的能力也会随之改变。

现在的新一代企业家**需要具备的能力从对企业内部资源的组织能力转变为对社会资源的动员能力。而企业的动员能力来自可靠的预期。**

可靠的预期会产生公信力。公信力在这个时代有特别大的威力，举个例子来说明：在过去，人们发了工资往往会存进银行，但是如今，有多少人挣了钱、发了工资就把钱放到余额宝里，这就是公信力的影响。这些人相信支付宝这个平台不会骗他，支付宝这个平台有政府信用背书吗？没有，但是人们信任它。当然，收益率也很重要，但是大街上有很多公司说他们有15%的收益率，人们怎么没一发工资就把钱放到这些公司里去呢？这就是因为公信力。

在时代已经发生改变的情况下，企业家需要拥有看透变化本质的能力，能否在新的赛道上通过对本质的透彻理解持续发力，决定了企业家最终的成就。看清变化的趋势，找准自己的定位，是每个聪明人都需要具备的能力。

数字时代考验的是企业家的格局与思想，具体如何将思想付诸实践？就是要靠软件。软件即思想，当思想发生转变后，再通过数字化系统实现思想，才能实现真正的转型。实际上，企业转型的本质就是要升维。这样才能做到所谓的"升维思考，降维打击"。

在后面的章节中，我会继续介绍企业如何打造一个无边界组织，并且如何从三个维度——**"产权边界""规则边界""信用边界"**对企业进行边界升维。

无边界组织

我的企业边界在哪？

我该如何拓展企业的边界？

如何把我的企业打造成一个无边界组织呢？

企业边界的确定

首先要解决的问题是，企业的边界是如何被确定的。

经济学家罗纳德·哈里·科斯最早提出企业边界理论，他在《企业的性质》一书中提出，**"当企业内部交易成本等于企业外部交易成本时，企业便停止扩张"**，如图 5-1 所示。

无边界企业：
数字时代下的平台化转型

组织成本 < 交易费用　　　组织成本 = 交易费用
　　企业扩张　　　　　　　　企业达到边界

图 5-1　科斯定理：企业扩张边界

怎么理解这句话呢？假设老王开了一家织布厂，织布厂除了要生产布料，还需要把产品运送给客户。老王决定成立一个运输队。之所以要自己成立运输队而不是选择外包运输，是因为老王自己养运输队的成本是 5 元/吨/千米，而将运输工作外包给企业外部的其他运输队的成本是 7 元/吨/千米。在这样的情况下，如果老王的织布厂的产量增加，他还会不会选择自己运输呢？在自建运输队的成本更低的情况下，他会继续买车、壮大自己的运输队伍。但是如果老王的产量急剧扩张，运输队伍不断扩大，那么早晚都将面临规模扩张带来的管理成本急剧上升问题，导致运输队的运营成本也加速上升。

当老王惊讶地发现自己运输的成本变成 9 元/吨/千米，而且还没有办法防范司机偷油、避免司机在驾驶路途中发生的一系列争端时，老王就会选择把自己的车卖掉、遣散运输人员或者将运输人员调岗，转而去购买 7 元/吨/千米的运输外包服务。

而这个选择外包服务的临界点，就是当内部交易成本等于外部交易成本时，也就在这时，企业便会停止扩张。因此，一家企业想要不断扩张，除了并购，更重要的是要在制度上想办法，要降低企业内部的交易成本。

企业内部的交易成本都有哪些呢？**企业内部跨部门的沟通、层层的审批、各环节的审计等都是内部的交易成本**。所以，如果企业职能部门的权利不断扩张，审批阻力变大，那么本质上就一定会弱化企业的扩张力。企业接到一个订单后，要突破公司产品的标准价格，需要经过七八个部门的审批。这时客户已经急得火烧眉毛了，而在公司内部还有很多流程要走，这就是极大的交易成本，也注定限制了企业的扩张。虽然很多企业一直在倡导赋权，但是企业内部的流程往往设计得极其复杂，交易成本极高。

所以我建议，**如果要做赋权，就把权力真正地下放**。比如，企业的管理者可以跟员工约定，经营团队负责的区域一个月营销成本为1万元，经营团队自己决定怎么花，只要为最后产出的利润负责就好，这才是真正的划小经营机制。根据小单元能达到的营收水平、边际利润来决定划小单元增补多少成本。真正用好的划小经营机制设计能够让企业的业务快速扩张。但是如果披着划小的外衣，在实际执行时，划小单元没有任何的自主决策机制，企业每花一分钱都要经过层层审批，那这个企业就不会打开扩张的天花板。

企业的扩张看似是对外的事情，但是真正的要义在于企业内部对交易成本问题的解决。

无边界企业：
数字时代下的平台化转型

腾讯的无边界扩张

腾讯内部有一句话：决定腾讯边界的，是它自己的组织成本。 这是非常典型的科斯定理渗透到了企业经营理念中，并且开始指导企业在经营中面临的实际问题。

腾讯内部提出这句话，是为了解决随着组织不断扩大，内部沟通成本随之提高的问题，这是大企业普遍都会面临的问题。 如果你有心观察近些年腾讯的发展风格，会发现和之前有所不同，在自身的核心基础业务不受威胁的前提下，凡事自己做，不如以投资的方式扶持外部企业。所以，近5年来在抢占新赛道市场时，腾讯从之前一以贯之的亲自入局方式，转为扶植其他"小弟"，把资源输送给其他企业来攻占市场。可以看到，当前腾讯系的投资图谱是非常宏大的。

如果在各个领域都选择亲自入局，大企业会面临什么问题呢？

可以试想一家大企业，如果要去拓展一项新业务，必定会安排老员工来负责这项新业务。但老员工一旦着手做这件事，必然会导致一些内部纠纷，因为他必定会涉及触碰到内部利益分配的问题。而在这种情况下，老员工一定会被一拨既得利益者联合起来排挤，甚至会在他需要帮助时不帮他。就算老员工成功地把业务做了起来，还有相互拆台、资源争夺的现象层出不穷。企业的内部资源是有限的，明争暗斗也就开始了。

在企业里另起炉灶，做一项新业务非常困难，这是人性导致的必然结果。因此，很多企业选择在外部投资一家新企业，和原本的企业隔离开，等新业务确认孵化成功后，再把它并购回来。

平台型企业的高 PE 之谜

前面谈到的企业动员力特征，就是解释平台型企业高 PE 值（市盈率）的关键。相比传统企业来说，平台型企业的性质更符合社会性企业特征。你可能会质疑，平台型企业的代表互联网公司明明是民营企业，怎么会是社会型企业呢？**社会性企业并不是说它的产权归属于社会，而是在于其动员力的特征，平台型企业具备对整个社会内资源的动员能力。**

平台型企业所拥有的资产虽然很有限，但是它能够充分动员社会里大规模的人和物，来帮助自己创造利润。比如，淘宝的商家不是阿里巴巴的员工、网约车平台的司机不是平台的员工、微信公众号的作者不是腾讯的员工、抖音的主播不是字节跳动的员工，但是他们都在为这些互联网企业疯狂地创造利润。这时再折回到每单位的资产能创造的利润就会非常高，市场就会愿意给平台型企业更高的估值，这些企业的 PE 值自然就会更高。

如何进化为无边界组织

大多数企业都有扩张的需求，那么如何让企业边界不断地向外延伸，甚至把边界弱化，成为一个无边界组织呢？先来看一下企业有几种边界，如图 5-1 所示。

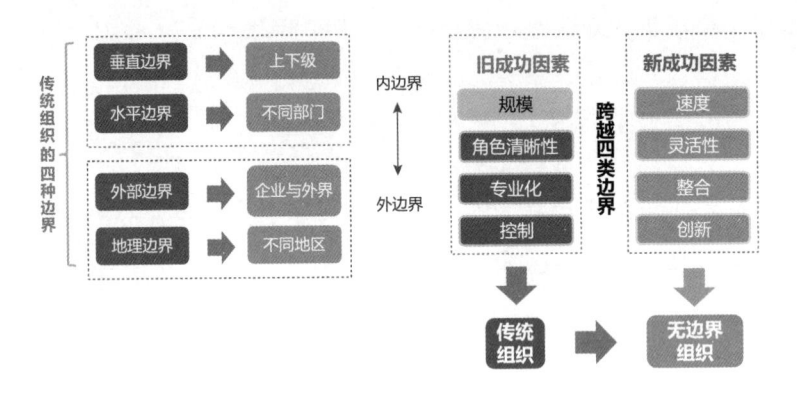

图 5-1　四类企业边界

一般来说，企业有四种边界。

第一种是垂直边界，指上下级之间的界限。你是我的上级，我是你的下级，这个界限的划分就是垂直边界。

第二种是水平边界，指不同职能部门之间的边界。你是法务部，我是市场部，市场部好不容易拿下了单子、签订了合同，但凡有一点模糊之处，法务部就批不过，法务部不批自有他的道理，因为审批一旦出问题它需要负责任。这种横向职能部门之间难以打破的界限，叫作水平边界。

第三种边界是外部边界，指公司内外之间的界限。这个最容易理解，我是企业内部的人，他是我的供应商，是企业外部的人，分隔两者的界限就是外部边界。

第四种边界是地理边界，指公司不同地区之间的界限。老王是华东区的，老李是华北区的，华东和华北之间互相管不着，又有着某种既合作又竞争的关系。

你可以对号入座一下，你所在的公司都会存在这四种边界。而且在大多数情况下，**企业越成熟，KPI 设计得越好，组织内部的边界就越重，越不可逾越**。因为公司内部把责、权、利划分得太清楚了，以至于大家都只做自己 KPI 范围内的事。举个例子，如果公司可以放松对法务部的严格要求，或许法务部的人就会跑去跟市场部的人说："你这个合同的第 8 条有很大风险，这个风险的后果可能有 A、B、C。这个风险如果咱们能承担，这个合同就通过。"哪怕后来果然如法务部所说，合同出了问题，大家也可以共同努力通过诉讼解决，解决后就不再去追责了。因为公司的管理者非常清楚，不能让偶发的问题导致以后的业务难以开展。

而很多企业面临的问题是：为了管控风险，最后重要的事情都不做了。这种因噎废食的情况在越成熟的企业中越常见，很大程度都是水平边界过于森严导致的，这时候企业想要扩张就会非常困难。

那么，如果让企业内的要素更加容易地跨越边界呢？**要消除边界是不太可行的，解决方案是放松四种边界，让边界的可渗透性更强。**

那具体如何实现呢？就是让组织中的每一个人都以企业领导者的目标为目标。

这句话说起来容易，但是实际上做起来非常的难。因为在现实中，企业管理者还是会在每年、每个季度、每个月都给每个人很多项 KPI，做不好就扣分扣钱。这就导致企业内的每个人还是以自己的 KPI 为目标，大家都不会理会别人过得怎么样。那又该如何解决这个问题呢？

下面我会通过彩生活（彩生活服务集团，简称"彩生活"）、乔氏台球（秦皇岛乔氏台球集团，简称"乔氏台球"）这两个我实操的案例，给你讲解组织的两种扩张方式。

组织扩张案例

彩生活通过降低内部交易费用实现了产权的扩张，并成为 2019 年全国服务面积最大的物业公司。

彩生活从成立之初就非常重视科技的作用，企业高层最初的想法是用科技手段替代人工，达到降低物业成本的目的。到 2015 年的时候，彩生活管理的小区数量、服务的面积已经非常可观，但它们想继续扩张，可想而知，它们的扩张遇到了瓶颈。为了系统性地解决彩生活面临的问题，我以首席科学家的身份加入了彩生活。通过对彩生活的平台进行系统性的重构，彩生活于 2017 年年中实现了公司利润上涨近 3 倍、平台服务面积提升了近 5 倍的成果。对彩生活平台进行的一系列系统性重构的方式帮助彩生活真正实现了边界的跨越，也让它一骑绝尘，于 2019 年成为全国服务面积最大的物业公司。

很明确地说，彩生活的迅速扩张都是通过信息化平台实现的。可是为什么把企业的信息化平台做好之后，企业的扩张速度就可以这么快呢？**因为信息化平台的本质是通过系统的方式实现内部交易成本的降低**。很多人起初都以为企业做信息化的目标是提高效率，但真正做了的人往往发现做完信息化后效率不升反降，还浪费了很多钱。

实际上，企业做信息化的唯一目的是降低内部交易成本，提高扩张力。可能做信息化确实要花费很多钱，但是在设计的过程中，你要记得目标是要降低内部交易成本，这样企业的规模实现了扩张，在信息化上的资金投入就是值得的。

第二个案例是乔氏台球，这是一个通过信息化平台让行业"老二"超越"老大"的故事。

在 2015 年以前，乔氏台球一直在国内台球桌厂商里排名第二，当时的行业第一名是星牌。但是在我为乔氏台球设计信息化平台后，乔氏台球在短短的一年半的时间内超过星牌，成为行业第一，并且其优势保持至今。要知道，在一个传统行业中，老二超越老大是非常困难的，这可能是几代经理人花费几十年都无法实现的。

乔氏台球的信息化平台的设计初衷就是为了加强交互，通过交互的方式让乔氏台球在一年半时间里所服务的台球厅数量实现了 100 倍的增长，完全是以互联网的方式进行了降维打击，它的扩张速度也是一般传统企业所不能想象的。原因就是在这套信息化平台的支撑下，它所服务的几千家台球厅中的每一笔交易、每一个重要行为都会被记录下来。比如，系统会告诉你，在 10 月 27 日下午 1 点 10 分有人在台球厅买了一瓶水，2 点有另一个人选了一根斯诺克杆……

无边界企业：
数字时代下的平台化转型

那么，为什么知道了台球厅的详细信息就能有这么大的变化呢？怎么能让乔氏台球在一年半之内就从行业第二变成第一了呢？乔氏台球和其他台球品牌最大的区别是，它非常关心每家台球厅能不能活下去，活得好不好。

你可能会以为台球桌厂商和台球厅是独立的，但是实际上在很多行业中，上游的供应商控制着下游门店。比如奶茶行业，很多奶茶连锁店其实是奶茶粉工厂的延伸，它并不是独立存在的。通过和乔氏台球的董事长乔冰的交流，我们确定了要关注下游台球厅的经营情况，明确了对它们进行服务赋能的目标。

首先，乔氏会在台球厅开张时帮它们做成本控制，在协助台球厅成长壮大后，再一同赚更多的钱。

在一般情况下，企业做信息化系统的思路有两种：一种是以信息化系统为平台，从使用平台的商家那赚取更多的钱，就等于利用了商家和客户两端的信息，从两边赚更多的钱。另一种就是乔氏台球的做法，乔冰的胸襟非常大、看得非常长远，他明白新的台球厅刚刚建立，没有什么钱去做市场，因此，他会卖3万元一台的返修球桌给台球厅（新球桌售价30万元），而在这个过程中乔氏几乎没有赚到钱，但他知道要把这个台球厅养起来，在台球厅发展到一定阶段后，台球厅就将有能力向他购买高质量、高价格的台球桌。

其次，乔氏台球会参与到台球厅的运营中去。其实台球厅的运营很大程度上要依赖台球桌的厂商去做宣传、办比赛、拉客户，把它的市场炒热。所以，乔氏台球作为台球桌厂商，并不是先给自己做信息化系统，而是为下游的台球厅做了一套信息化平台。通过这个信息化平台，乔氏的管理者会清楚地看到哪些店经营得更好，那就可以把这些店的经营模式推广出去；哪些数据有问题，那就帮助台球厅做相关方面的改进提升。这个系统的实质就是把台球厅内的交互动作进行信息化，增加了信息的透明度，进而提高决策的效率。所以，开台球厅的老板们也都慢慢发现，用了乔氏台球的球桌和服务，台球厅不但能活下去，还能赚更多的钱，于是他们纷纷继续与乔氏台球合作，也因此推动了乔氏台球的业务增长。

乔冰是乔氏台球的二代接班人，他的父亲乔元栩在1998年创办乔氏台球，而乔氏台球在乔冰这个有远见、有互联网思维的接班人手中实现了大幅的扩张。现在，乔冰又开始着手布局国际化版图，他希望能够让乔氏台球在未来成为全球台球产业的领头羊。

在乔冰看来，他的"舍短期看长期"的理念本身并不涉及什么高深的经济学理论，他只是觉得如果自己今天不着急赚3万元的利润，等到他的客户两年后生存下来，那么在未来的很多年里，他还有会几十个，甚至上百个3万元可以赚。

在乔氏台球这一理念背后的本质是乔氏可以从大多数企业的"单一地站在自己的产权角度做生意"，变成"把乔氏台球厂商和上万个台球厅看成同一个产权单位，如何让它们整体的总效率达到最高"。

很多企业家总是在讲生态思维，而乔氏台球所代表的理念就是真

无边界企业：
数字时代下的平台化转型

正地从贸易思维转变为生态思维。

在生态思维下，企业和自己的客户之间，除了可以获得交易的剩余（也就是利润），还具备更长远的生存依赖关系，这层互惠互利、互相依赖的关系，就是生态的基础。而这一切都是源于在信息上的极度便利，信息化平台实现了乔氏台球与客户之间从简单的交易行为到生态内的资源的高效配置。也因此，乔氏台球成为以这个平台为基础的生态主宰者和引领者。

当企业家的行为从传统的交易行为转变为资源配置的行为时，他的企业就已经突破了原有的产权边界限制，该企业家也就真正拥有了生态思维。长此以往，组织的边界开始被打破，而这种基于平台被打破边界的组织，我称为无边界组织。

需要强调的是，信息化本身只是一个工具，并不是说企业只要做好信息化，就能够成为无边界组织。而是企业家们要先升维自己的思维，再利用信息化手段作为打破组织边界的利器，实现组织的跃迁。

其实再想得更深入一点，这两个案例的本质是有区别的，因为彩生活从本质上来看，并没有实现无边界组织。彩生活只是通过一个大幅提升内部效率的企业信息化系统，降低了企业内部的交易费用，实现了扩张力的提升。在扩张力快速提升的关键时期，企业老板并没有意识到要做平台型企业，而是在利用内部管理效率的优势，通过并购、参股等方式持续做产权范围的扩张。所以，归根结底，彩生活所调用的资源范围并没有打破自己的产权边界。

第二部分 转型的认知升级

如果彩生活可以采用平台化的方式做服务和赋能,就会有机会站在一个更高的维度,把整个物业行业打通。如果当年的彩生活能够再进一步,把物业信息化平台独立出来,就像链家把贝壳独立出来一样,或许会开辟出另外一番天地。

从这个角度来讲,彩生活依然是一家信息化系统做得很好的传统企业,它在物业界的定位就类似于银行界的中国工商银行。一直以来,中国工商银行都在坚持说科技是自己的核心竞争力,但是中国工商银行从来没有把自己的IT部门独立出来,成立一家科技公司,为其他同行业提供服务。所以迄今为止,中国工商银行已经花了上千亿元去做信息化系统,但它仍然是一家传统企业。

从这个角度来看,彩生活和中国工商银行一样,并没有升级成新的物种——"无边界组织"。

总而言之,企业家的思维境界才是决胜关键。数字化工具的作用是帮助组织达到企业家的思维境界,但无法打开思维境界带来的天花板。

无边界组织这个模块的重点内容比较多,大家需要关注以下几点:

1. 企业的边界是由内部的交易成本决定的,当企业内部交易成本攀升到等于企业外部交易成本时,企业便停止扩张。

2. 如果企业想要不断地扩张,就要在制度上想办法,以降低企业内部的交易成本。

3. 如果要做赋权,就得真正下放权力。

4.成熟企业内部的交易成本会让新业务难以成长,大企业想要孵化新的业务线,可以通过外部股权投资的方式,待业务成熟后,再把它并购回来。

5.平台型企业的性质是社会性企业,因为它对社会资源有动员力。

6.企业都有四种边界:垂直边界、水平边界、外部边界、地理边界。企业要扩张,不是要消除这四种边界,而是通过信息化的手段降低交易成本,从而让四种边界的渗透性更强。

7.数字化只是工具,真正决胜的关键是企业家的思维境界。

生态思维

如果你研究过中国企业的发展史,就会发现多数企业都是在商业模式上有所突破,却鲜有在创新上的成功。为什么会这样呢?中国人明明很聪明、很勤劳,但是创新非常少。

在历来的"家·国·天下"文化背景下,在商业中自然也就更容易衍生出计划性思维,似乎"管理"可以覆盖到任何领域。但实际上,家、国、天下是不同构的。"天下"是一个生态,是不需要谁负责任的,它不能依靠某个人做全所有的计划;而"家"是需要成员负责任的,是一定要有计划性的,如图5-2所示。

中国传统管理思维方式：齐家、治国、平天下 / 一室不扫何以扫天下

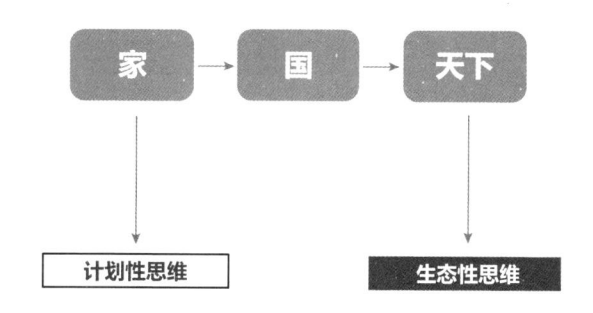

图 5-2　计划性思维和生态性思维

回到企业发展上来，企业家在说要构建一个生态的时候，一定要想清楚什么是生态性思维。企业家需要确定自己到底是在构建一个像森林那样的生态，还是只是在培育一个花园？对此企业家需要做一个清晰的规划。

在交互的世界里，需要怎样做分享协作？怎么样能做到不负责，并且能够把最好的人筛选出来？而不是尝试找个人去为每一件事兜底负责？如果你是一个企业引领者，你需要做一些改变，这个改变是基于交互世界的规模扩张，而不止是基于独创性技术的颠覆。

从组织形式上来看，传统企业和互联网企业是有很大区别的。**传统企业一定是有组织、有纪律的，而互联网企业，可以说是无组织、无纪律的**，如图 5-3 所示。

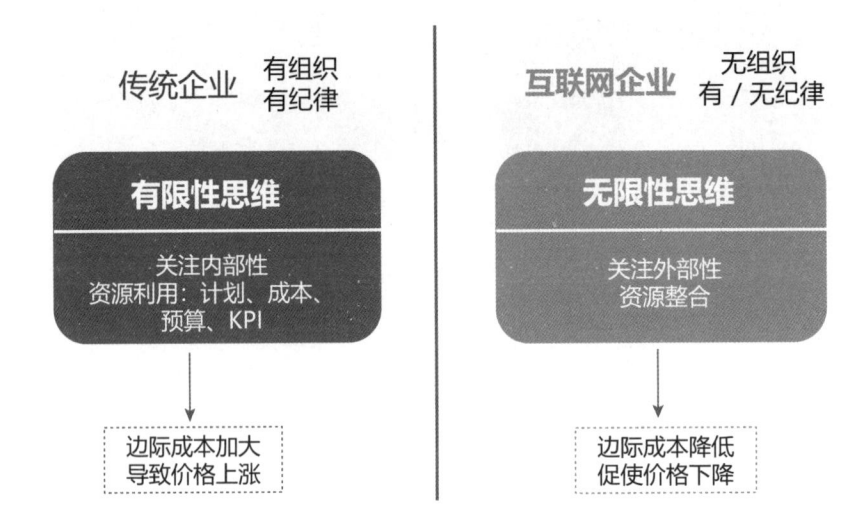

```
传统企业  有组织          互联网企业  无组织
         有纪律                     有/无纪律

    ┌─────────────┐           ┌─────────────┐
    │  有限性思维  │           │  无限性思维  │
    ├─────────────┤           ├─────────────┤
    │   关注内部性  │           │   关注外部性  │
    │ 资源利用：计划、成本、│      │  资源整合    │
    │  预算、KPI   │           │             │
    └──────┬──────┘           └──────┬──────┘
           ↓                         ↓
    ┌─────────────┐           ┌─────────────┐
    │  边际成本加大 │           │  边际成本降低 │
    │  导致价格上涨 │           │  促使价格下降 │
    └─────────────┘           └─────────────┘
```

图 5-3　传统企业和互联网企业的思维模式对比

所以，如今有一个很奇怪的现象——这些无组织、无纪律的"乌合之众"把那些有组织、有纪律的"军队"打得落花流水。**其根本的差距就在于，传统企业没有做到社会化的转型**。社会化的转型，就是之前的章节中提及的产权问题和动员能力问题。

传统企业所面临的根本问题不是金融问题，而是如何在交互的世界里做好规模化的问题。

家族企业过去几十年的成功经验或许不再符合当下的商业时代，而小企业之间，可以通过集群的方式组织起来做"组团"，而这个"组团"的精神是**个体分散而产权集中**。

在这个集群内部会形成强依赖关系，这种"组团"也就是小微制造业集群、"宅社区"等。小微制造业集群是一种生态，每家工厂离开了这个平台就没有了价值。在"宅社区"里的生活方式也是一种生态，内部的组织是强连接、强依赖的，以至于我可能不需要出这栋楼，就可以把生活过得非常美好。

总之，在新商业时代下，企业规模化经营的方式应当是通过构建生态的模式来扩展边界，而不再是传统的技术颠覆和产能扩张。而作为企业的引领者，企业家是否拥有生态思维是企业边界进化的关键。

转型就是边界升维

企业转型的本质就是要升维，企业家也必须要升维思考，才能做到降维打击。企业可以从三个维度——产权边界、规则边界、信用边界进行升维，如图5-4所示。

转型=边界升维

信用边界	→	以货币、币权为代表的行政边界	→	资金流
规则边界	→	以互联网运营为代表的服务边界	→	信息流
产权边界	→	以资产、股权为代表的企业边界	→	物流

边界升维要防止被降维打击，
竞争对手能够降维打击是因为他处在更高的维度

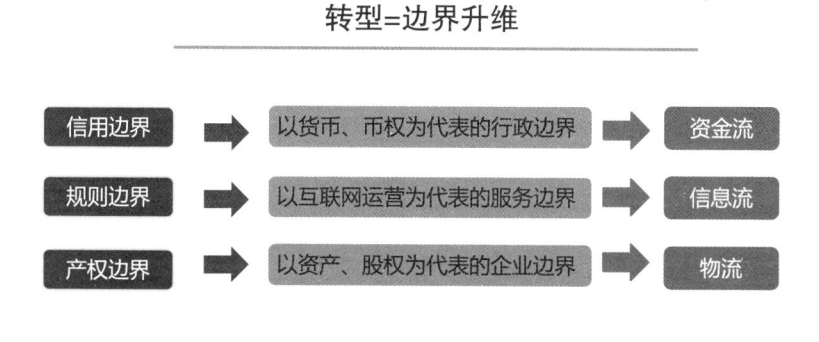

图5-4　边界升维三维度

无边界企业：
数字时代下的平台化转型

三层边界

第一层，产权边界。 在过去的世界里，传统企业的边界是由资产和股权决定的，而企业之间的能量、物质交换靠物流来完成。这就是人类所熟悉的传统世界——一个以产权为边界的低维世界。

第二层，规则边界。 后来以互联网企业为代表的组织把边界往上提高了一层。互联网制定了一个以规则为边界的组织。在第二层的世界里，你只要用互联网企业的平台，就要遵从他的规则，而互联网企业通过信息流让大家在规则内运转。

怎么理解规则边界呢？

继续用网约车平台来举例说明，网约车平台可以通过系统为司机和乘客进行双向的匹配，那网约车平台只是起到了为用户提供方便的作用吗？不是的，更重要的是网约车平台改变了打车领域的规则。

网约车平台会给乘客和司机双方补贴，很多人在起初是难以理解的。但是现在越来越多人开始理解了网约车平台"烧钱"背后的逻辑，即为了抢占市场规模。但是大家还没注意到，网约车平台的补贴行为是在推销平台所制定的规则。

想想过去打出租车的规则是什么？

到大街上一招手，来了一辆出租车，你对司机说："师傅，机场去吗？"

第二部分
转型的认知升级

司机说:"机场不拉,太远了……"

你说:"那去火车站吗?"

司机说:"火车站更不去,太堵了……"

然后司机一脚油开走了,留你在路边继续拦车。

那时的出租车司机会挑活做,而现在打车的规则变成什么样了?

你在家里提前打好车,车到了才慢悠悠地下楼,上车以后也不用跟司机讲去哪里。

司机跟你对下手机尾号,然后车就开出去了。而且到达目的地后不用交钱就可以下车走人。

所以,网约车平台最大的贡献,是它重新定义了打车行业的规则。 很多人都在讲互联网公司优化了消费者的服务体验,难道仅仅是体验吗?当然不只是体验问题。**服务体验的优化只是一个浅层次的表现,更深层次的本质是互联网公司重新制定了各行各业的新规则,以至于你已经完全不能够适应旧规则了。**

为什么现在人们越来越少去逛商场了?因为如果我要买双鞋,那么我可以躺在床上,打开各种网购软件,可以按价格、销量排序,按风格筛选,来挑选我想买的鞋子。但是在商场呢?我为了买一双雪地靴得满商场跑,找了好多店才发现一家店的角落里放着三双雪地靴,很可能还没有我要的款式和尺寸。人们发现自己越来越难以适应传统的商场购物方式的规则了。

无边界企业：
数字时代下的平台化转型

在互联网界有一个说法叫"code is law"——代码即法律，代码即规则。

比如，我开发了一个系统，在这个系统范围内，所有人都得按照我的规则办事，而人们一旦适应了我的规则，就无法再接受那些传统企业的规则了。

那么，为什么互联网企业制定的规则就高一个维度呢？因为互联网企业的资产可以扩张到其并不拥有产权的资源中去。

来看一看网约车平台制定的规则：北京有个司机张小海，花了16万元买了辆车，张小海用这辆车加入了网约车平台的快车队伍。这辆车的资产属于谁呢？这辆车的产权当然是属于张小海的。但这16万元的车算是网约车平台的资产！

大家一定要意识到，一家互联网公司的资产评估不是看它所拥有产权的部分资源总和有多少，而是评估它能够动员的那部分资源的总和有多少。如果一个网约车平台能够动员500万辆车为它工作，那这和它买下500万辆车为它接活带来的效果是一样的。

如果还是用同一套软件系统，网约车平台能够动员1000万辆车为它工作，那么该网约车平台的资产就相当于翻了一番。然而，这1000万辆车的产权根本就不属于这家网约车平台公司。

所以，虽然网约车平台每年都在亏损，但它的市值很高，因为要看网约车平台能够动员的资产是多少。对于你的企业也是同样道理，假设你做的是服装行业，如果你能够把上游几百家织布厂都控制在你

第二部分 转型的认知升级

的规则内,那么3年后,你的企业再做资产评估时,上游这几百家织布厂的资产所创造的价值也都算是你的了。

虽然这些织布厂的产权不在你的名下,但是你为它们提供了所有的订单——订单决定了这些织布厂生产的布是什么颜色、用什么材料、什么尺寸……而且这些织布厂离开你的平台就会倒闭,就像网约车平台司机离开平台就没法再接单赚钱了一样。如果你能做到这一点,那么你就重塑了整个行业的规则。

我曾给一家服装企业做过关于产业互联网和数字化转型的咨询,按照咨询规划的路径,这家企业在5年内可以从每年产值4亿元达到估值1000亿元,而且要达到这个目标,这家企业的企业家只需要自投3000万元,因为产业基金非常有意愿跟投。

所以,传统企业还是有机会把产业链打通的,但企业家先要做到认知的升维,要把企业边界从产权边界提升到规则边界的维度。

在规则边界下,你的企业不只是一家企业,而是拥有了整个行业。而且在这个过程中,企业边界消失了。

第三层,信用边界。你会发现几乎所有的国外互联网巨头都在做自己的货币,比如脸书和亚马逊,它们都在做数字货币。

为什么要做货币?在产权边界,我拥有一样东西的产权,我就可以用这个资源。

在规则边界,谁用我的软件,遵循了我的规则,我就可以调用这些资源。而在信用边界,谁只要使用了我的货币,就是我的人了。

但是，这第三层的信用边界在国家层面是不被法律允许的。所以，在边界升维的角度，国内的企业家只需要做到第二个层次——规则边界就已经很好了，但是大家需要对第三层信用边界的存在有个认知。

总之，如果企业要转型，那就要把资源调用的模式从组织力转变为动员力。企业可以从三个边界的维度进行升维：从产权边界到规则边界，再从规则边界到信用边界。当企业家有了这样的思维，再反过头来做降维打击，就会所向披靡。

属于产业端的下半场

数字化时代可以分为两部分，上半场是消费互联网，下半场是产业互联网。

上半场的消费互联网基本拉上了帷幕，很多人不理解为什么中国的消费互联网做得比美国还要好？主要原因是"规则"。美国早已通过多年法律制度的制定，实现了规则统一的全国范围的大市场，但是中国的情况不同，因为地方政府主导的经济模式导致了国内大市场的区域性割裂，企业很难跨地域经营发展成大企业。但是近20年间，消费端的市场却发生了巨大的变化：通过互联网平台，跨过区域限制，以同样的规则让全国的消费市场实现了统一。比如，通过淘宝，一家面对消费者的公司可以把它的产品销往全国各地。所以，消费互联网实现了对中国的消费端市场的大一统。

那接下来我们面临的挑战就是产业端的整合升级。同样是因为市场的割裂，产业端的企业也通常是地方型企业，很难做大企业规模。因此，散布在全国各地的很多小工厂、小企业，未来10~20年就将面临产业端整合的挑战和机遇。和消费互联网整合的过程一样，在产业端整合的过程中，必然有一些旧的区域性企业会消失，但是同时又会出现一些全国性的产业集群平台，这是非常值得期待的事情。

面向未来的大机遇，如果你的企业要跨过区域边界做成一个全国范围内的大市场，那么该如何给所在产业制定一个新规则，实现整个行业的整合呢？

第三部分
企业的数字化转型

第六章　数字化转型理念

重新理解数字化

人类在演进的过程中,即将通过万物互联迎来新的数字化时代。面对数字化时代,转型是企业的必然选择。那么,企业家首先就要重新理解数字化意味着什么。

在第三部分的开始,我们将通过了解数字化的演进历程来重新理解数字化。

数字化技术的演进

第一代:电子化

实际上,电子化是在做传统方式的"替代"。

**无边界企业：
数字时代下的平台化转型**

比如，银行的电子化做了什么呢？原本银行是要用一支笔来写账本的，而计算机、打印机替代了纸和笔，这叫作电子化替代，而这只是第一波的电子化替代。但电子化的业务流程，还是有很大的改进空间，比如数据是放在本地的，不能通存通兑等，即储户在东城区网点存的钱，是不能到西城区网点去取的。在这之后，银行业花费数年的时间、超过千亿元的资金，做了数据大集中，才实现通存通兑。储户在任何一个网点存的钱，都可以到其他网点去取，这是第二波的电子化替代。

第二代：信息化

说到信息化，先要搞清楚信息（information）和数据（data）的区别。**最重要的区别是，信息是给人看的，而数据是给机器看的。**

从这个分类基础来看，信息化的过程其实就是研发供人类使用的软件。比如，每个投资者可以通过看报表来炒股，报表、趋势图上的信息都是给人看的。

第三代：数字化

到了数字化时代，信息就不是给人看的，而是给机器看的。

因为在这个阶段，已经不是单靠人的脑力来炒股了，而是通过借助机器的算法来炒股，人工智能的相关算法会为投资者提供决策，而投资者只需关注投资结果，甚至可以无需参与股票的挑选。

这就是电子化、信息化、数字化的真正区别。所以，既然企业家们目前需要面对的是数字化时代，那就不要总是想着如何向消费者介绍产品的核心数据，而是要关注如何用算法使自己的产品达成目标。**很多事情的中间过程不再需要人的参与，人们只需要关注结果就好。**

想象一个有趣的场景，如果一个马桶数字化了，会变成什么样子？当我们以互联网思维去考虑商业时，需要极度关注入口。所以，在讨论医疗、大健康领域时，目前的投资方会考虑去收购医院，以便做各种流量入口的获取。

但是如果你发明了一个芯片，能够泡在马桶的水里面，能即时分析排泄物的成分，这时马桶就成了"所有"医疗、大健康领域的入口。你可能根本不需要去收购很多医疗机构，只要把马桶搞定就行了。那如果你想做医疗、大健康，应该怎么办？可以免费给全国人民送马桶。在获得用户允许的情况下，你可以通过马桶收集使用者的相关数据，比如可以知道用户的体重在如厕前后的变化、用户肠道的菌群成分，以及其他的重要身体指标。

所以，数字化应用可能产生的影响是难以预估的，没有谁能想到马桶居然可能变成整个未来医疗行业的入口。包括在前文提及的一个案例，网络支付平台竟然用一个很小的入口就可以截获整个银行业的支付体系，以及银行后来又用"网联"这个微妙的结构改变把支付夺回来，但背后的道理都是一样的，你可以将这两个例子结合起来思考一下。

但我们要牢记的一点是：**数字是给机器看的。**

无边界企业：
数字时代下的平台化转型

5G 时代

5G 是数字化进一步演进的大背景，接下来就将展开讲述 5G 在数字时代下起的基础性作用。

图 6-1 是移动通信技术从 1G 到 5G 的演进过程。

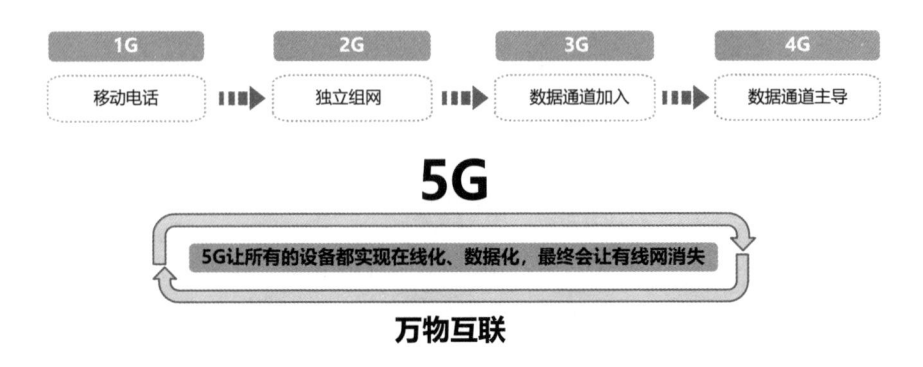

1G	2G	3G	4G
移动电话	独立组网	数据通道加入	数据通道主导

5G

5G让所有的设备都实现在线化、数据化，最终会让有线网消失

万物互联

图 6-1　移动通信技术的演进

1G 也就是"大哥大"流行的时期，那时候的移动电话号码都是传统固定电话号码的一个子系列，甚至不能实现独立组网。所以 1G 移动电话就相当于是有线电话的一个补充和替代。

到了 2G 时期，全球移动通信系统（GSM）才真正实现了移动通信的全球组网，那个时候才出现以 139、137 开头的移动号码，这些专属的移动号码才是真正独立组网的标志。在 2G 之前，数据的传输都搭载在短信通道上，并没有独立的数据通道。直到 3G 时代，才有了独立的数据通道。

第三部分
企业的数字化转型

在 4G 时期，变成了以数据通道为主、话音通道为辅的移动通信技术。

5G 的三大特点是：高带宽、广连接和低时延。5G 网络有非常大的连接容量，也就是最广为人知的广连接特征，而这正是万物互联的基础。

现在，家用宽带的网速会比 4G 快很多，价格也便宜很多，所以使用 4G 网的人回到家会先连上家里的 Wi-Fi。但是当 5G 网络完全普及了以后，入户的光纤就会慢慢被替代了。

因为 5G 实现全覆盖后，无线传输会比有线传输的速度更快，而且还不用在切换场景的时候切换联网方式，也就有了非常优越的便利性。5G 普及后最大的便利性，就是在公司和居家上网的场景下，不需要再连那根网线了；在更换网络的使用地点、使用场景时，也不再需要重新进行网络配置了。

怎么理解呢？过去，如果要在家里装一个摄像头、装一个门禁设备，就要拉根网线接到这些设备上，因为无线的速度不够，而如今 5G 的网络速度和时延都足以满足设备需要，再者也不需要给设备配置网络了，就像手机自动接入网络一样，使用 5G 卡是随时可以切换连接基站直接使用的，移动网接入相比 Wi-Fi 连接、固网接入有非常大的便捷优势。

那么，如果在 4G 时期，我想把公司的每一件东西连接上网络，这可能吗？不太可能。要让公司的全资产都实现在线化，那么公司的

无边界企业：
数字时代下的平台化转型

每张桌子、电视、音响，甚至地板的每一块地砖都需要单独配置一下Wi-Fi，或者接一根网线，那就太荒谬了。而且4G的基站容量有限，是无法容纳那么大的接入量的，大家可能都有体会，在4G时代，开个万人大会、大型演唱会，局部网络就很容易瘫痪。

但是，5G时期就不同了，只需要给这些物品装一个模块就可以无线传输数据，万物互联就可以实现了。比如，你看到的每一盏灯，每个门把手，都可以实现在线。所以，每次有人去拉一盏灯的时候，灯能够感知到有人在拉它，上次拉的握力是35磅，这次的握力是55磅。

但你可能会问，这些数据有什么用呢？可能在我们人类看来，这些数据是没有什么用处的，但对于机器算法来说，各种数据都能为其提供截然不同的信息。5G本身就是个技术，没有什么特别的。简单来说，5G就是一个能容纳更多接入量、传输的时延更低的高速无线网络。但这一些优势所带来的衍生模式非常惊人。

未来，如果办公楼内所有的设备都是在线的，那我可能就会有机会跟桌子聊天了：

我问一张桌子："你值多少钱？"

它说："400元。"

我问："我是ABC公司的，买你有折扣吗？"

桌子可能就会说："ABC公司可以打8折。"

我继续问："那这间屋子的整套灯值多少钱呢？"

桌子就会去问屋子里的一盏灯，这盏灯就发信息给所有其他的灯，说："你们给我报个价，有个 ABC 公司的哥们儿问你们值多少钱！"

然后灯就做了一个总价报给桌子，桌子转告我说："这屋的灯总共 4.8 万元，已经是最低的价格了！"

所以，未来物联网的世界就是人跟物的交互、物跟物的交互，而且大部分都是物跟物的交互。它们可能会"开会讨论自己的身价到底值多少钱"。这个场景想象起来就蛮有趣的，但是在没有 5G 的时代，这件事不可能会发生。

这就是技术给世界带来的改变，虽然 5G 并不是为这个目的而设计的，但是在技术演进过程中，自然而然给其他领域带来了出乎意料的便利，这其实就是生态。然而，有些人觉得 5G 技术并没有什么革命性的变化，是个伪需求、伪概念，这些结论可能是从技术的视角来看的。如果从市场的视角来看，5G 还是有非常大的想象空间的。

万物互联的未来

既然 5G 的未来是万物互联的时代，那么到目前为止，全世界到底有多少设备已经实现在线了？

答案是互联网只连接了 0.02% 的设备。现在的互联网主要连接的是电脑、手机之类的设备，且连接了大约 0.02%，还有 99.98% 的物没有被连接。

无边界企业：
数字时代下的平台化转型

但过去仅有 0.02% 的连接就已经改变了整个人类社会，因此哪怕只是剩余的 99.98% 里的零头 0.08% 被连接起来，也会引起更加天翻地覆的变化。

在未来，真正实现物联网之后，才可能拥有真正的"大数据"。之前大数据是源自线上的，但在更广大的线下部分遇到了很大的困难，而在万物互联时代，这个问题将会被解决。

数据在线的好处显而易见。现在，人们在网上购物的全过程都可以被网购平台的系统记录下来，这就是数据在线的一部分。而在线下消费，只有支付时的交互动作会被相关系统记录下来，之前的消费过程的相关数据则无法被记录，这就是因为商业世界还没有实现完整的线下数据采集流程。

从线下的整个交易过程来看，目前得到的数据既不完整也不准确。目前，大数据在落地时确实遇到很多困难，但这是很正常的，因为更多的数据获取还没有完成。

所以，从现在的情况来看，最重要的不是要对已有的数据做分析，而是要尽量做到完整、准确的数据。不用管这些数据有用没用，因为数据本来也不是给人类研究的，机器算法会把它们用好。

当前是商业时代的一个重要时间节点，就如同 1990 年的互联网发展。人类社会将迎来为期大约 30 年的爆发式商业发展时期，所以人类正在面临一波崭新的商业浪潮。而这些就是互联网、区块链和物联网这三个技术结合带来的变化。新一轮的商业浪潮必定会催生出新制造、新零售和新金融，这三者又将构建出全新的智能商业时代。

群体行为模式的决定因素

前文做了很多对数字时代未来世界的展望，为了更好地面对未来世界，我们还必须知道人类发展从何而来，在这里有必要做一个人类群体行为模式演进的历史回顾。

我在做深入的企业转型实践过程中，看到的都是非常清晰的产权问题，以及和人性有关的贪婪、恐惧问题。这就引发了我的思考，人类的群体性行为到底是由什么决定的？随着人类社会的发展进步，人类群体性行为的本质又出现了哪些质的变化？

我查阅了前人的研究，多数把人类的群体性行为的变化和文化、制度联系起来。于是这一问题就变成了探讨究竟是文化决定制度，还是制度决定文化。如果是制度决定文化，那么就是制度最终改变了人的群体性行为。反之，文化则是改变人的群体性行为的根源。

但是在我看来，文化和制度是关联关系，而不是因果关系。比如，犹太人可以一代一代地在不同制度的国家保持原有的文化深度，并一直延续下去。关联关系的一个经典案例就是关于"喝红酒"和"长寿"的关系，似乎有许多人认为喝红酒的人普遍长寿，但后来发现两者并非因果关系，而"长寿"和"喝红酒"的根源都是富有——喜欢喝红酒的人多数都是富人，而富人因为可以享受更好的医疗、有更多时间锻炼身体，所以有更大的长寿概率，而不是因为喝红酒才长寿。所以，寻找人类群体性行为的决定因素的问题就变成了——是什么关键因素决定了人类的文化和制度，从而影响了人类群体性行为的改变？也就是说，当这个关键因素改变了，人类就会演化出另一种文化，衍生出另一种制度。

最后得出的结论是：人类对财富创造的认知决定了人类的群体性行为模式的改变，行为模式的改变包括文化、制度的变化，如图 6-2 所示。

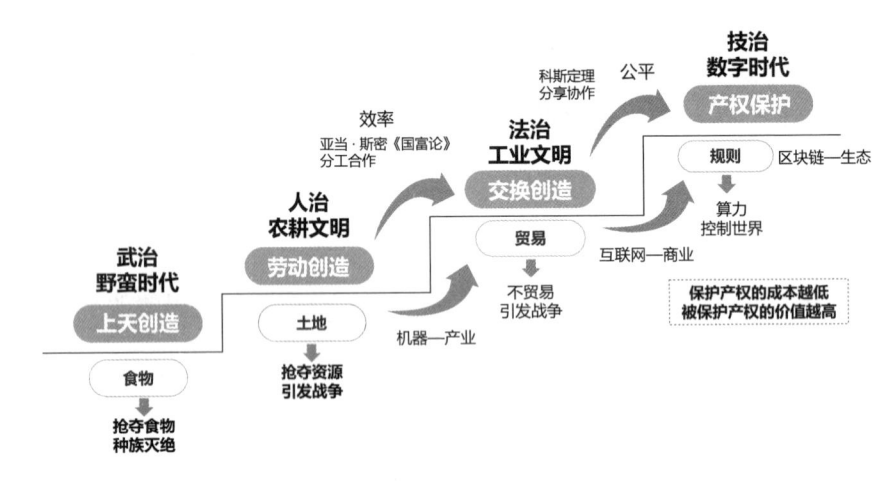

图 6-2 人类对财富创造的认知决定了群体性行为模式

人类对财富创造的认知，即人类认为自己的财富是从哪里来的。

第一个阶段，当人类还在"采集狩猎者"时期，人类普遍的认知是财富由上天创造。

此时，人类食物的来源是树上结的果子、草原上的牧草、森林里的飞禽走兽。基于这样的认知，会触发人类群体怎样的行为呢？树上有果子，我去摘，但是别人也可以摘。每个人都想要防止他人把果子摘走，彼此之间就会发生争夺，人和人就会结成部落，再和其他部落进行战斗，甚至爆发战争。这个时期，社会的治理方式主要靠武力，我们称为"武治"时期。

其实到了文明社会，也发生过这种人类行为，历史上蒙古人曾横扫欧亚大陆，他们唯一的目标就是掠夺财富，他们之所以身处文明社会还发起食物掠夺和人口屠杀，是因为作为游牧民族，他们的认知还停留在上天创造财富的阶段。

第二个阶段，人类进入农业社会，人类进化成为定居者，同时普遍的认知进化成了财富由劳动创造。

有了农业技术，人们就开始从采集狩猎者变成了定居者，人们对财富来源的认知也发生了第一次改变。在定居者的社会，男耕女织，每个人都守着眼前的一亩三分地，多劳动就能够养活自己，小农思想形成，而勤劳和努力能够创造财富的认知也是在这时形成的。所以，人类开始修筑城墙，以守护自己的土地、粮食，守住自己的财富。

这时，战争的目的从掠夺食物转变成抢夺以土地为代表的资源，所以战争的最终结果是为了殖民，只抢土地不杀人，人作为劳动力变成了产生财富的要素。在农耕文明时期，社会治理模式从"武治"衍生出了"人治"模式。

第三个阶段，经历了工业革命人类开始意识到，分工产生效率、交换创造财富。

越来越多人意识到，一个社会的贫富水平与人们的勤劳程度没有关系，有些国家的人天天在休闲却更富有，有些国家的人天天在工作却很贫穷，经济学之父亚当·斯密揭示了这个奇怪现象的原因。斯密写出了对经济学影响至今的巨著《国民财富的性质和原因的研究》（简称《国富论》）。在读过这本惊世之作后，关于"分工"和"交换"我归纳出以下两点：第一，单纯的勤勤恳恳劳动，远不如做社会角色的分工带来的效率高；第二，交换创造价值，劳动本身只能创造出产品的用途，但只有交换才能产生价值，人类才能拥有财富。

在第三阶段，战争的目的从殖民转换为贸易。因此，我们惊讶地发现，在19世纪初，清政府90%的财政收入都来自海关。

既然要通过交换获取财富，而交换的本质其实是产权互换，那就必须要做好产权的界定和保护。所以在这个阶段，就催生出了"法治"的社会治理模式。

第四个阶段，人类对财富来源的认知进一步发展，发现财富的根源是产权保护。

从经济学理论来看，一个社会的平均财富水平跟这个社会产权保护的成本成反比，社会中保护产权的成本越高，这个社会就越贫穷，社会中保护产权的成本越低，这个社会就越富有。归根结底，财富源自对产权的保护。

第三部分
企业的数字化转型

为了方便理解，我举个例子说明，某个小区门口有一块空地，居民出入小区都要经过这块空地，所以如果能在这卖早点就能够赚钱。于是，小王每天早上 6 点就到这卖早点，但是小陈也想在这卖早点，他第二天早上 5 点就来抢地盘，接下来小王第三天早上 3 点就来了……这个恶性循环到什么地步才会停下来呢？**当为争夺一个资源所付出的成本等于这个资源所带来的收益时，对资源的争夺行为就会停止。**

这个争夺的过程就造成了资源的租值耗散，也就是说，原本能带来价值的资源，因为产权没有被界定清晰，导致了"公地悲剧[1]"，最后资源的价值就被无谓地消耗掉了。但如果产权界定清晰后，把这块地以 100 万元 70 年产权的售价卖给小王，再给小王一个产权证确保其合法权益，小王就可能再花 200 万元在这块地上盖一栋房子，开一个饭馆，按照正常时间开店迎客，不用再早起占地盘、不用担心这块地被别人侵占。如果小李说希望以每个月 1 万元的价格向小王租用这块地，小王就会算一下，如果自己开饭店，每月只能赚 5000 元，那小王就会选择把店租给小李，这块土地资源就会流转到能让它发挥最大价值的人手里，这就是在产权确定后，通过交换最大化释放资源的价值。

如果产权没有被充分保护，所有人都在忙碌地做事，但是人们争夺资源的成本已经冲抵了可以获得的收益，这就是"内卷"的根源。

---

[1] 指公地作为一项资源或财产有许多拥有者，他们中的每一个都有使用权，但没有权力阻止其他人使用，从而造成资源过度使用和枯竭。

因此，财富来自对产权的保护。但是，基于对中心化组织的不信任，越来越多人更相信技术能给产权、给交易带来更多的确定性。区块链技术应运而生，组织不可靠，技术才可信，通过技术手段进行核心节点无法篡改的分布式记账，实现规则的确定。

于是，社会治理模式从"法制"升级为"技治"，也就是在数字时代，社会治理要靠技术手段来进行，这些技术包括区块链、大数据、物联网、5G 网络等的综合应用。

在数字时代，只要产权得到保护，财富就自然而然产生。所以，如今国家大举推动数字化建设，对于身处其中的企业家们来说，最重要的不是 5G、AI、物联网这些技术本身，更重要的是提高对财富创造来源的认知。

需要强调的是，人类社会进步到新的阶段并不意味着后一阶段要把前一个阶段的模式抛弃掉，而应是在上一个阶段进行升级：当从野蛮时代进入农耕文明时，武力依然很重要；当人类社会进入工业文明时期，武力依然很重要；当人类进入数字时代时，武力还是非常重要的，只是这时的社会治理是把"武治""人治""法治""技治"四者结合在一起。

从"人治"到"技治"

基于前文关于财富来源的认知，把这一理念应用到企业的数字化

第三部分　企业的数字化转型

转型之中，企业家一定要跳出舒适圈，不能用工业文明时期的企业经营方式来经营数字时代的企业。在工业文明时期，企业通过管理能力的提升，已经将比拼利润、提升效率基本做到了极致。而传统企业的产业数字化转型需要对公司进行管理、治理，从管理要效益到从治理要秩序，因为正如上一部分所讲，秩序、规则定好之后，就可以自然而然地获取财富。

如图6-3所示，传统企业的数字化转型从左侧到右侧，公司治理模式从"人治"到"技治"，从单纯地对企业内部进行"管理"到对整个公司所处生态的"治理"。显性呈现出的是传统企业的"规章"，背后隐性驱动企业内员工行为的是企业形成的"文化"。对于数字化平台型企业，显性呈现出的是每个参与个体的"动作"，正如网约车平台司机并不是网约车平台的员工，他接单、送人、要求好评是外显的动作，但驱动其动作背后的是隐性的"规则"。

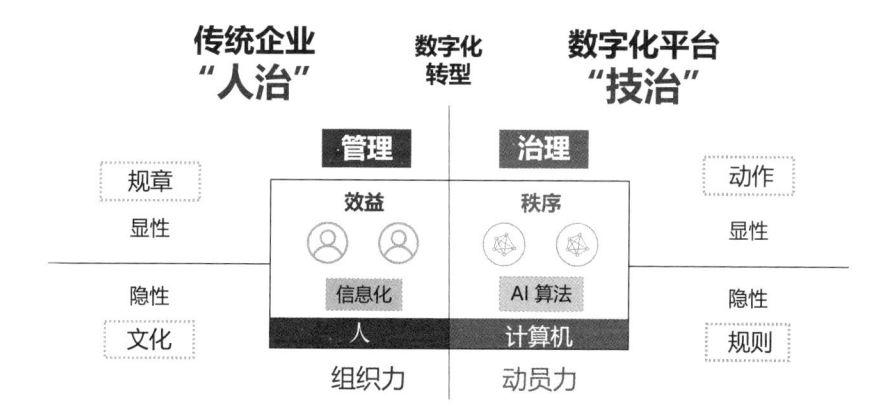

图6-3　技治企业：传统企业的产业数字化平台化转型

无边界企业：
数字时代下的平台化转型

企业数字化演进的进程经历了电子化、信息化、数字化三个时期，传统的企业往往通过针对从企业电子化到信息化的时期获得的数据做决策，从而实现自己对内部资源的调用，这背后发挥作用的是企业的组织力。而一家数字化转型成功的企业则会通过计算机的算法来做决策，调用的是社会资源，让资源实现不为所有、但为所用，也就是得以实现动员力。

从哲学的角度讲，文明的进步就是秩序的进步。而在当前技术准备充分的情况下，企业家要通过新技术提升自己的治理秩序，而不要拘泥于企业内部的管理效率提升；企业家要通过制定规则，使用动员力同时调动企业内外部资源，提高自己企业所处的行业维度，从而提升企业的格局，使企业的边界无限扩展到整个行业，最终实现产业的洞穿与融合。

企业顶层架构中的三条总线

数字时代的实现是产业不断洞穿与融合的过程，相信读到这里的读者一定与我达成了一个共识——那就是未来的世界将会实现更加全面的数字化。在这个背景下，企业要如何转型才能更好地适应时代趋势呢？企业应该如何借着数字化的趋势实现自身的升级，演化成一个全新的、有竞争力的物种呢？又应该如何设计、落地企业的数字化转型呢？

第三部分
企业的数字化转型

在企业数字化转型的过程中,一定要把握住企业顶层架构的三条总线:**信息总线、金融总线和制度总线**。管理者可以通过这三条总线的设计,来实现企业的重构。

如图 6-4 所示,自上而下来看,**第一条总线是信息总线,它的作用是管理资产**。但是这个资产与传统意义的资产——厂房、机器等有所不同,在数字化时代下,数据才是最重要的资产。所以,不能数字化的资产不是资产,不能线上化的资源不是资源。企业在做数字化时,一定要先想尽办法把所有的生产流程数据化,再逐步把数据化的内容实现线上化,在企业经营中用好企业的数据,从而实现效率的提升、数据的变现。

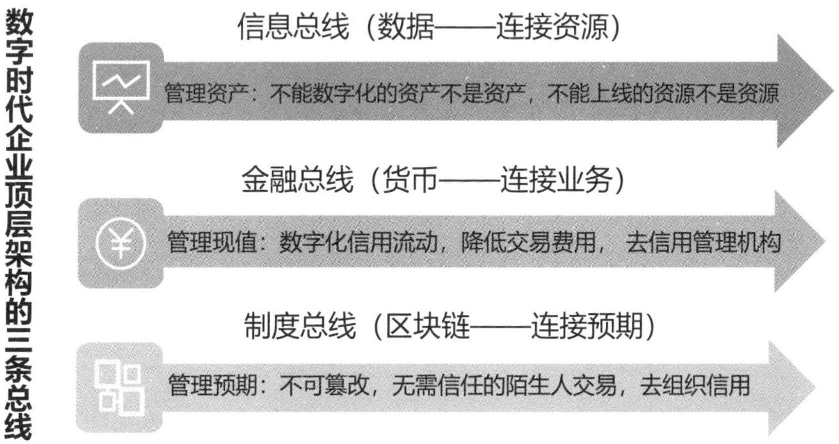

数字时代企业顶层架构的三条总线

信息总线(数据——连接资源)
管理资产:不能数字化的资产不是资产,不能上线的资源不是资源

金融总线(货币——连接业务)
管理现值:数字化信用流动,降低交易费用,去信用管理机构

制度总线(区块链——连接预期)
管理预期:不可篡改,无需信任的陌生人交易,去组织信用

图 6-4 数字经济时代企业顶层架构的三条总线

第二条总线是金融总线,它的作用是管理现值。在金融的层面,

无边界企业：
数字时代下的平台化转型

企业家需要管理好现在自己的企业值多少钱。要让信用通过数字化的方式流动起来，利用数字化的信用流动降低企业的交易费用。

第三条总线是制度总线，制度的作用是管理预期。在稳定、良好的制度下，大家对未来的预期是稳定且长久的。如果制度总是在变化，那么大家很难有所预期，而预期这个词在经济学中非常重要。

商业管理学总是告诉企业家们要做有价值的企业，但是价值是什么决定的？**价值正是源自预期。**我想很多人能越来越意识到这一点了，拿特斯拉和丰田做个对比：2020年，特斯拉预计全年销量将超过50万辆，而丰田预计全年销量超过1000万辆。也就是说，以两者的预期来看，特斯拉的销量仅是丰田销量5%的水平。但如今，特斯拉是全球第一大市值的车企，它的市值大约是丰田的2倍以上。再举一个例子，同一种款式的杯子如果出现在普通的网店中，消费者可能只愿意花20元购买；但如果这款杯子是星巴克限量版的"女神杯"，可能就会出现卖断货的现象，售价甚至可能会被市场炒到每个1000多元。

价值是由预期而来的，是大家觉得这个东西有价值，这个东西就更值钱，这就是价值主观决定论。而价格是价值的折现，你觉得这个杯子现在的价值是1000元，可能过一段时间这个杯子的价值就会上涨至1500元，你把这个价值折现到今天，就会觉得1000块钱可以买它。大家买茅台是这个逻辑、买房子是这个逻辑、买特斯拉的股票也是这个逻辑。

第三部分
企业的数字化转型

价值和价格的本质，其实在经济学中关于主观价值论已经有非常清楚的论述：**价值是主观决定的，价格是未来价值的折现。**

我发现很多企业家在做生意的时候，对经济基础的理论没有太多了解。因此，虽然他们的企业能在平稳的宏观环境下很容易生存下来，却无法将企业规模做大。一旦面临外生的冲击，这些企业就将面临难关，甚至濒临破产。这些年的经济下行、突发的新冠疫情已经让很多企业快速且被动地经历了一波经济周期的检验，现在越来越多的企业家们意识到了跟随宏观趋势的重要性，也就认识到了一定要做企业转型。

在未来的数字时代，如果想要"钱多多、活长长"，就一定要对科技、经济的运作有非常深刻的了解，才能让企业在数字时代的洪流中生存下来，让企业生存得更好。

总之，信息总线的根本是数据，其作用是连接资源；金融总线的关键是货币，用来连接业务；制度总线的实现方式是通过区块链连接预期。如果企业以三条总线的方式重新组织起来，就可以对内和对外都建立更加良好的预期，企业的估值自然就会大幅提高，也就实现了价值的升级。

整体理解了三条总线的分工角色后，接下来我们将详细拆解信息总线、金融总线、制度总线的内涵，并说明三条总线在企业内的应用场景。

无边界企业：
数字时代下的平台化转型

信息总线

信息总线的根本是数据，其作用是连接资源。

如何做好信息总线呢？**最简单的理解就是给企业做一个信息化系统，从而积累数据、连接资源。**听起来似乎很简单，但是这个信息化系统到底应该怎样应用呢？图 6-5 是我在担任彩生活首席科学家期间，设计的系统理念设计图，这套系统帮助这家物业公司成功实现了信息化转型。

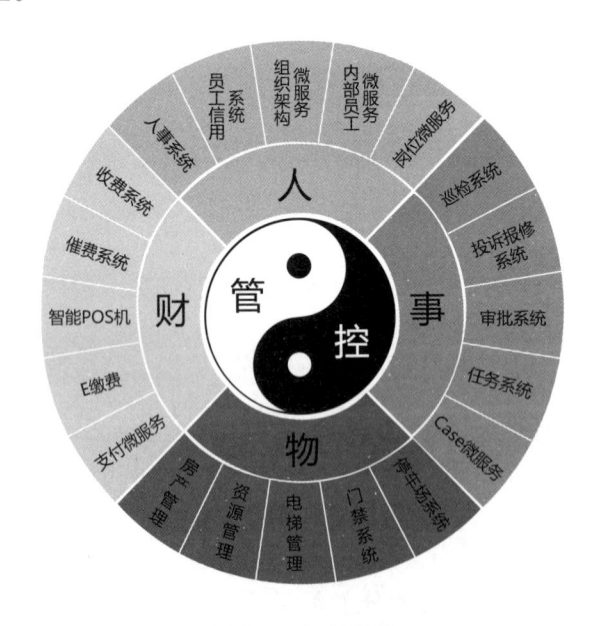

图 6-5　信息总线

当时的物业行业普遍面临的问题是很多物业工作实际上是没有流程的。但是一般来说，企业内部开发软件是需要先确定各种业务流程

146

的，再按照规定流程一步步执行。所以，我就换了个角度来思考问题，那就是这家企业究竟在管什么，于是就有了图6-5中的这张"八卦图"。

对企业来说，管控是非常重要的。但我们需要注意的是，"管"和"控"是两件事情。怎么理解"管"呢？员工的目标往往不符合企业领导者的目标，因为企业领导者的目标太高了。而"管"就是**管理**，**即将员工的目标同步成企业领导者的目标，并且督促员工实现目标**。那"控"是什么呢？"控"就是控制，**即要防止员工突破企业领导者的底线**。员工的底线往往低于领导者的要求，他们希望可以躺着不干活，还能赚更多的钱，所以"控"就是要防止员工突破领导者的底线。

"管"和"控"分别有各自的定位，做好其中的任何一件都不容易。**而当一家企业的规模变得越来越庞大时，企业领导者的管控效果就会衰减得更快**。当一家公司只有7个人时，一起吃顿饭就解决了所有的问题；而当一家公司有7000人时，为了把一件事讲明白得开多少次会？**所以，随着企业变大，很多企业家觉得最重要的事情就是加强管控。但这是不正确的，因为一旦用各种手段加强管控企业，就很容易出现员工由于压力过大而联合"编造"工作情况，欺瞒领导者的情况。他们会给企业领导者一个满意的数字，但是这个数字隐藏了所有的问题**。这就是大企业基本上都会慢慢走向僵化的一个重要原因——企业变大，管控太强，底下的人开始骗老板了。也因此，老板根本不了解这家企业真实的样子。而当企业家不了解自己的企业时，**他们也就没有机会做出好的决策，没有好的决策也就意味着这家企业根本没有**

无边界企业：
数字时代下的平台化转型

未来。

人类所有的财富都源自决策，所以，我在设计这个体系的过程中，基于"管·控"二字，扩充成了**"监·管·控"**。

"监"其实就是看，如果企业家看得够准、看得够细，甚至可以达到一个非常超然的状态，这个状态我称之为**"监而不管，监而不控"**。只要能够看到，企业家可以不管不控，这个体系就是有秩序的，因为这个让信息透明的系统自身可以做到修正甚至直接淘汰那些不好的人或事。

所以，基于"能够看到"这个目标，我做了4个大模块——人、财、事、物，即"把人看到、把钱看到、把事情看清楚、把东西看明白"。在这个系统中，信息科技作为集权的抓手，就可以把这四个部分的数据再造成线上资产。

在这里，我要特别解释一下什么是**集权**。如果你是企业主，你就拥有对企业的掌控权力，因为至少企业内部的产权都是属于你的，你可以调度资源、决定内部任何资源的使用方式。但是如果你看不到它们的状态，你其实做不好决策，所以"能看到"才是最重要的。信息化平台能够帮你做的就是集权。

对于这一点，我发现很多大企业的第二代接班人会非常有共鸣。因为第二代接班人的企业可能是由他的父母发展起来的，再由这些第二代接班人来接班。而第一代的创业者往往通过和自己的兄弟共同奋斗创办的公司，但是第二代接班人对这些企业元老来说就是个"小毛

第三部分
企业的数字化转型

孩子",他们甚至是看着这个小毛孩子长大的。这个"小毛孩子"怎么能有威信镇得住这些叔叔伯伯,让他们事事汇报、事事请示呢?所以,第二代接班人面临最大的困难就是没有手段,如果没有有效手段,这些第二代接班人在接手企业的过程中就将面临来自企业元老的挑战和难关。

但是如果第二代接班人能够使用让自己"看得到"的信息手段,那么接手企业这件事就会变得非常容易了,因为他们看得清这家企业所有正在发生的事情,也就具备了做出好决策的基础。**所以,信息总线是通过数字化手段让企业领导者看到企业的每一个行为,从强管控转为自律、自驱。**在此基础上,企业内部的各个角色就能驱动自己去做真正有价值的事。

因此,在做一个企业的转型规划时,我往往最先要做的事情就是在老板办公室里放一个大屏幕。企业的掌舵人通过这个大屏幕能看到企业内部的几乎所有事情,这个过程就是把企业的所有资产数字化,整合好信息总线的过程。

另外,信息总线还能把资源之间关联起来,比如,把财务的信息和业务的信息连通,这就是很多企业在追求的财务、业务一体化。之前我遇到过很多企业家都抱怨财业一体化太难了,但是如果能够通过信息总线把资源整合起来,我相信这件事情的难度会降低很多。

总之,在信息总线的理念下,**不能数字化的资产不是资产,不能线上化的资源不是资源。**而作为企业的掌舵人,企业家需要考虑的是,

无边界企业：
数字时代下的平台化转型

如何在企业内把信息总线做好，通过数据连接资源、整合资源高效地利用资源。

金融总线

在金融总线的部分，我们先回想一下货币的基础概念，在第四章中曾提及的货币的定义——**货币承载信用**。这意味着货币本身并不是信用，货币只是已经存在信用的一个承载媒介而已。而**货币又分成三类——实物货币、虚拟货币和共识货币**。

从货币价格（也就是货币成本）变化的趋势来看，人们其实一直在想方设法降低货币媒介的成本。从黄金、白银到纸币、支票、信用卡，再到手机支付……作为一个独立的货币类型，比特币在人类历史上第一次把货币媒介的成本降成至几乎为零。因为比特币实际上只是一串数字，它非常符合货币进化的趋势。从这个角度来看，我认为比特币的出现是货币发展过程中一个非常重要的突破。

在公司的金融总线部分，我们要参照货币演进的思路，来分析企业的治理。在传统企业中，企业的边界是产权；**那么面临数字时代，企业的边界将变化为什么呢？答案是币权**。所以，在数字时代下做企业转型，企业家要意识到币权也是一种配置资源的权力，并且非常重要。越来越多人意识到币权甚至比股权更加重要。**传统的实体企业看股权，而互联网企业则要看币权**。

那么，如何在企业内部做一种"货币"呢？我曾经在彩生活这家

第三部分 企业的数字化转型

物业管理公司里发行了"饭票",并设计了"粮票"的内部"货币"。

"饭票"的使用对象是员工和业主,员工和业主可以拿"饭票"去理发、吃饭,去小区周边的超市里买东西等。

"粮票"可以使用在供应链中。彩生活向上游企业采购物资、安保服务等的时候,就采用"粮票"的方式来计量。假设彩生活跟上游签了一个涉及金额100万元的采购合同,合同要求先付定金10万元,然后上游企业就会把货发给彩生活,而剩下的90万元,彩生活则用"粮票"的方式给到供应商在彩生活的平台系统上开通的账户里,供应商随时可以向彩生活要求将"粮票"兑现,不用走任何复杂的审批流程,直接申请兑现就可以。但是,如果供应商继续持有粮票的话,平台会按照高于余额宝10%的利息给到供应商。在这样的情况下,彩生活的众多供应商就不那么着急来要钱了。而这个"粮票"就承载了彩生活和上下游企业之间的信任关系。

另外,企业内部还可以设计"预算币"。假设公司内有一个A部门的年度预算是120万元,折合每个月的预算10万元。但是在实际操作中,A部门并不会按照节奏去支出,因为A部门每次采购都要经过公司的审批。但是,如果公司给A部门的是"预算币",这个过程就会变得很简单:公司财务每个月分配价值10万元的预算币到各部门的账户中去,只要在预算范围以内,各部门的人到公司的集中采购平台上买东西时不需要审批;如果超出预算了,就做预算的滚动,从后面的月份提前调用预算即可;如果超出3个月限度,A部门就可以

无边界企业：
数字时代下的平台化转型

向公司或其他部门借钱。假设跟公司借钱的年化利息是 15%，跟 B 部门借钱的年化利息是 12%，**通过这样的方式，就在公司内部实现了资金的"市场化"流动，让资金可以流动到能发挥它最大作用的地方。**

其实，企业内部货币的应用场景非常广泛，针对地产领域我至少设计了 8 种企业"货币"的模式、涉及上万个账户。在企业内部货币流转的基础上，企业管理者就可以通过对各个账户的分析，非常清晰地知道企业从拿到资源，到完成销售，再到回款的全流程中，各环节实际花了多少钱，又应该花多少钱，哪些环节最能够创造价值，哪些环节最为低效冗余。而这一切，只需要在企业内部做一个货币系统，就可以实现企业内部的资源流动，也就实现了优化资源配置，避免资源争夺问题。

一旦企业具备了和市场一样的资源优化配置机制，企业的边界扩张就会变得更加容易。经济学家科斯已经把企业的扩张边界的决定因素说得很清楚，那就是内部交易费用和外部交易费用之间的关系。企业的扩张的最终决定因素既不是企业能撬动多少资金，也不是企业已经抢占了多少市场份额，而是企业的内部交易费用低于企业外部的交易费用。

如果一项工作由企业内部完成，会比在企业外部完成更便捷、更高效，那么企业自然就要扩张。所以如果想要扩张企业的边界，就需要降低企业内的交易费用，对应的就是要减少审批流程、缩短决策流程，让企业内部协作更加顺利，这样企业的扩张力就会大大增强。

第三部分
企业的数字化转型

在这个过程中,企业的金融总线可以给企业管理者提供内部的金融视角,通过企业内信用流动的数字化、标准化,使得企业内的行为得以量化。金融总线可以帮助企业管理者对业务运行情况进行实时的掌控,实现企业资源的高效流动,提升整个企业的运行效率。

制度总线

企业的第三条总线——**制度总线,它的作用是通过科技手段解决分钱的方法**。在大多数企业内,领导都会鼓励内部创业、内部创新,打造集团内部的企业家、科学家。但值得提醒的是,如果企业管理者不把创业、创新的激励制度做好,就不能确保内部创业的负责人获取到剩余价值,那么内部创业就做不成。

我常说:"**组织是分钱的体系,制度是分钱的方法。**"如果钱分不好,那么讲得再好的内部创业、内部创新都是空中楼阁。为什么一定要确保内部创业者能索取到剩余价值呢?因为如果没有机制保障,内部创业的人可能就会拼命浪费公司的钱。假设进行内部创业的员工辛辛苦苦给公司多赚了 100 元,公司拿走 60 元,员工得到 40 元,那么这个员工就很可能会考虑自己花掉起初多赚到的 100 元。但是,如果把剩余索取权都归给员工,那么他就会拼命赚钱,量入为出。而区块链就是使用制度科技保证预先设定的制度一定会落地,企业内的创业者、创新者和企业之间就建立了基于科技的互信关系。

实际上,当企业管理者放弃了必须控制企业全部产权的时候,他

无边界企业：
数字时代下的平台化转型

才能够调动更多的资源，也就具备了更强的动员力。当一家企业从对内部资源的组织力，升级到对外部资源的动员力时，企业的边界就被大大地扩张了。企业家们都希望企业边界不断扩张，甚至成为一个没有边界的组织，而制度科技就是让企业演化成无边界组织的最有力武器。

总结一下本节内容：

第一，信息总线的根本是数据，其作用是连接资源。在信息总线下，不能数字化的资产不是资产，不能线上化的资源不是资源。企业管理者需要考虑的是，如何在企业内把信息总线做好，通过数据连接资源、整合资源高效地利用资源。

第二，金融总线的关键是货币，其作用是连接业务。金融总线给企业管理者提供企业内部的金融视角，通过企业内信用流动的数字化，使企业内的行为可以被计量，进而帮助企业管理者对业务运行情况进行实时的掌控，实现企业资源的高效流动，提升整个企业的运行效率。

第三，制度总线的实现方式是区块链，其作用是连接预期。通过制度科技让陌生人也可以彼此信任，从而完成交易，并固化分钱，最终让组织的无边界扩张成为可能。

第三部分
企业的数字化转型

第七章　企业消失之美

前文介绍了数字化转型需要具备的理念和规划模式：企业可以通过三条总线进行组织模式的转型；如果总线设计得当，就能够保证企业上升到一个较高的维度，这个高维足够可以俯视本行业的其他公司。

但是只提升维度还不够，更重要的是，企业要站在产业的高度，通过产业互联网实现产业的洞穿与融合。为什么企业数字化转型还不够呢？因为只要产业没有被穿透，就有被互联网公司整合，进行整个行业平台化的可能性。

互联网对行业逻辑的改变是从争做行业第一到统一行业规则。因此，企业转型能不能扩张到整个产业层面就变得非常关键，可以说涉及整个行业的生死存亡问题。

企业组织模式的三个层次

企业的组织形式分为三个层次，如图 7-1 所示：

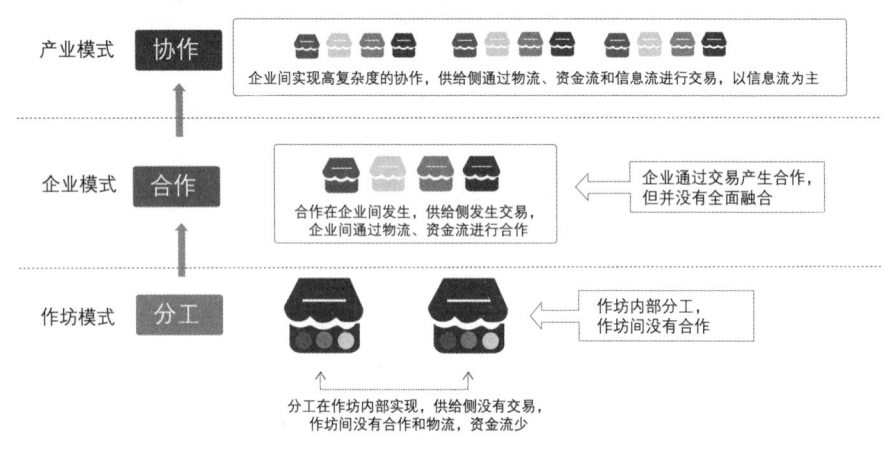

图 7-1 企业组织形式的三个层次：产业的洞穿与融合

第一个层次是作坊模式，在作坊内部有简单的分工，但作坊之间没有合作。

第二个层次是企业模式，这时出现了企业间的合作，这个变化是工业革命带来的组织形式升级。大多数人都认为工业革命带来的最大变化是生产效率的提升，其实更重要的是组织模式的升级，这让整个社会的效率都得到进一步的提升，而组织模式的升级则是一个最重要的制度创新。

企业是什么呢？企业就是市场要素的组织形式。到了数字时代，市场要素的组织形式是不是会发生巨大转变呢？答案非常明确，

第三部分
企业的数字化转型

会的！

第三个层次是产业模式，即由合作转向协作，组织的主体由企业转向产业。在这个层次中，同一个产业内的企业之间会产生高复杂度的交互，而且存在高频次的资金流、信息流、物流的交换。在这样的一种情况之下，"协作"发挥了巨大作用。

在本书第三章中，我们介绍了"合作"和"协作"的重大差别，还记得第三章中M公司的故事吗？M公司宣布在某一天要发布一款新的智能手表，并大张旗鼓地开放了有关智能手表的信息，在没有签合同、走审批流程的情况下调用了各种社会资源。这就是基于开放、分享下自主自愿的协作。而在发布日当天M公司宣布取消产品后，它也不需要为那些被其调用的资源负责。这恰恰就是分享协作"不主动，不拒绝，不负责"的特征。

所以，分享协作的方式可以实现更大范围的市场要素组织。第三个层次的产业模式就是通过协作打破传统企业的边界。而这个边界就是产权的边界，即使不打破它，边界迟早也会被互联网公司打破。就好比说，如果你在2011年拥有一家出租车公司，你的公司什么都不改变，公司在当时也发展得很好，赚了很多钱。但是到了2018年、2019年，你的公司忽然就经营不下去了，因为网约车平台横空出世，把传统出租车公司的产权边界打破了。

那么问题来了，为了迎接协作的到来，到底谁会进行产业整合？该用哪些技术把产业整合起来？

无边界企业：
数字时代下的平台化转型

第二个问题最简单，关键技术就是产业互联网必备的互联网、区块链和物联网这三项技术。回到第一个问题，那么由谁来整合呢？可能由两类人来完成：第一类是互联网企业，互联网企业现在已经开发了很多软件，并且已经将消费互联网整合得差不多了，但对产业端只进行了很少的一部分整合；**第二类则是传统企业**，比如，像海尔这种大企业也试图进行数字化转型，但是迄今为止，其数字化转型的进程还算不上成功。

之所以还没有成功，就是因为在思想方面还没有足够的突破，如果不能够理解三个境界、三种模式，不理解什么是信息化，以及信息化和数字化的区别，那么产业端的数字化转型就会回到企业已经习惯的领域去。比如，从互联网回到消费互联网，企业边界再度回到产权。

从这个角度来讲，如果传统企业要实现数字化转型，那么思想的转变是第一位的。

危机下小微企业的出路

那么，如何实现产业的洞穿与融合呢？

在同一个产业内，企业间要想实现高度复杂的协作，**需要一个中间层，这个中间层就是产业性基础设施**。

产业性基础设施是相对于社会性基础设施而言的。比如，国家建设了银行、高铁、高速公路、港口、海关等，这些都是社会性的基础设施。假如我处于家具产业，在我认识的所有企业中，大概有200家是经营家具生意的企业，那么我能不能在社会性基础设施的基础上，帮这个行业或这个产业做一套完整的产业性基础设施呢？答案是可以。比如，专门针对出口家具的人力服务、财务服务、仓储物流服务、设备维修服务、保安保洁服务等，都是可以做的。但是这里提到的服务都是专门针对家具产业的，比如保洁服务会把刨花的材料收拾干净，甚至将这些材料低价出售，如图7-2所示。

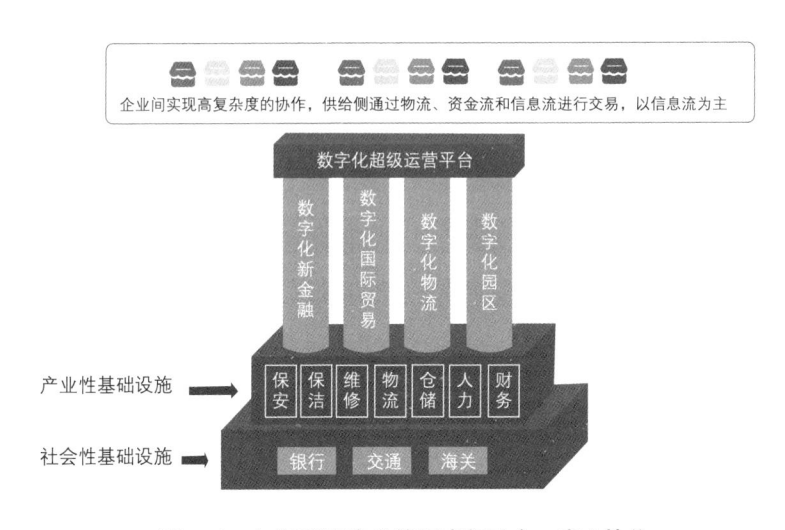

图7-2 如何实现产业的洞穿与融合：产业协作

一定要在社会性基础设施之上再做一个产业性的基础设施，以支撑这些企业。而这些企业通过这些产业性基础设施能降低企业业务的成本。过去，公司再小也要有出纳、招人的"副总"，而在此基础上，似乎就可以取消"副总"的职务了，公司只要专注自己的核心业务就

无边界企业：
数字时代下的平台化转型

好。构建了产业性基础设施的产业内企业就形成了一个数字化超级运营平台，这类平台的特征就是：**传统企业所有的非核心业务都是平台的核心业务**。虽然每家企业的产权都不属于该平台，但这些资源都在为平台创造利润。

依照这个思路，我们接下来探讨一下，面对危机，小微企业的出路在哪里？我的建议是，小微企业要参与共建产业互联网生态。

第一，小微企业要想办法找到在自己身处行业中排名前十中的三个企业，并基于各自的需求达成合作意向。第二，小微企业需要寻找团队，并参与行业内的平台搭建过程。通过这两步，小微企业就实现了升维。

假如正在阅读本书的你，能够在自己所处的产业内想到这些、做到这些，那么我相信，未来的40年一定是属于你的舞台。中国必定会迎来新一轮的发展浪潮，但关键在于谁能抓住这个必然的机会，是你，还是别人？如果要想在新一轮政策导向转型的阶段中不掉队，那么企业家在做转型时一定不能拘泥于企业的数字化，而是要做产业的数字化。

产业平台的三种形态

在面对未来做转型时，非常明确的是企业要站在产业的维度去做数字化。而选择做自己所处产业的平台就是产业数字化的实现方式。

第三部分
企业的数字化转型

在做产业的数字平台时，企业有三个形态的产业平台可以选择，但一定要区分清楚这三类平台各自需要解决的问题，以及平台本身需要形成的能力。

第一类是信息平台，也可以称为"门户型平台"。

信息平台主要是为了聚合信息，消除物理世界中的信息不对称。互联网早期出现的新闻、娱乐、商业等方向的门户网站，比如新浪网、搜狐网，甚至58同城，都是只负责信息聚合，不涉及交易撮合的，这些都属于信息平台。

但是信息聚合平台都有一个问题，就是如何实现商业变现，而在2C时期，人们发现了商业变现的方式，那就是凭借流量接入广告。因此，至今很多互联网公司的盈利都是靠广告。比如，百度曾经是中国最大的广告公司；而在2020年，阿里巴巴、字节跳动、百度、腾讯分别是中国的前四大数字广告商。

第二类是交易平台。与信息平台不同，在交易平台上会有买卖双方形成的商业闭环。

交易平台最关键的意义是做买方和卖方双方的代理，在平台的见证和担保下，双方完成交易。最典型的交易平台是淘宝和股票交易市场。

为什么说交易平台的最关键意义是做买方和卖方双方的代理呢？因为如果只是买方代理，那么其本质意义是采购；如果只是卖方代理，那么其本质意义是销售。而做一个交易平台，意味着它既是买方的采购，又是卖方的销售。淘宝就是这样，所以当你作为客户联系淘宝的时候，淘宝的"店小二"会与你交涉；而当买家要退货，淘宝又转身成为买家的"代言"，去跟商家沟通。这样的模式就是典型的交易平台。到目前为止，2C领域中做得最成功的平台型公司基本上都是交易平台。

但是，为什么在2B领域，交易型平台至今没有很大突破呢？其根本原因是大家都在借鉴2C领域成功的两类平台——信息平台、交易平台，妄图将其模式套用到2B领域中去，但其实在2B领域只做信息平台和交易平台是远远不够的。

这就要讲到第三类平台：赋能平台。赋能平台是2B领域最为适用的平台模式。

仍以网约车平台为例，来看看它们是如何对出租车司机赋能的。在没有网约车平台之前，出租车司机的核心能力是在街上"扫活"，还要能够精准地判断出哪个人是高价值客户。我曾经在一个下雨天急着赶飞机，于是背着双肩包在路边打车。我旁边还有两个人也在等车。这时候来了一辆出租车，这辆出租车精准地停在我面前让我上车。我上车后跟司机聊天，发现遇到了一个出租车老司机，他说虽然我没拿行李箱，但他凭感觉就能分辨出这路边的三个乘客中，我是要去机场的，另外两个是正常下班的。我一直在和他聊天，想要弄清楚他是靠什么"算法"判断出来的，但直到下车也没弄清楚。这位司机说他就是凭感觉，说不出来具体的原因，但正是靠这个"感觉技能"，他平均每个月可以赚12000元，而当时出租车司机的平均月收入是6000元。

在网约车平台出现以后，这些出租车老司机的"特殊技巧"就无法施展了，网约车司机只要在平台软件上等订单，接到订单后一路跟着导航走，什么都不用考虑。

我曾遇到过一个很夸张的情况，当时我叫了一辆网约车去参加某个论坛。在路上，我问司机说："师傅，那附近有没有什么好吃的？"如果是以前的出租车司机，他一定给我讲得头头是道。但是这个司机问我："您说您要去哪儿？"我说："师傅，您开半天不知道我要去哪儿？"他这时却反问我："我需要知道吗？我跟着导航就行了……我就知道两公里后就到了。"

我想，那次给我留下深刻印象的打车经历的背后就体现了赋能。网约车平台能让一个只会开车和用 App 的人通过开车赚到钱。**当前对 2B 领域做平台，最重要的也就是这两个字——赋能。而做赋能最重要的原则就只有一条，那就是产业所有的非核心业务都是平台的核心业务。**

具体如何搭建赋能平台？在为产业端进行赋能时，又会倒逼产业端做出哪些改变？在下一节中，我会结合一个小微制造业集群的案例，从理念到实操将以上这些问题分析清楚。

无边界企业：
数字时代下的平台化转型

赋能平台的作用是"去能"

"赋能"与"去能"

在前文中，我们讲到未来的行业数字化转型就是要做整合行业的第三类平台——赋能平台。

虽然"赋能"这个概念已经火了好多年，但是实际上，很少有人能说清楚"赋能"的本质。对于一个行业的平台来说，赋能平台显然可以给其他用户赋能。**但是从本质上来看，赋能平台的实质是做"去能"。**

正因为平台有了一系列能力可以帮它的用户化繁为简，所以它的用户再也不会去做这件事，并且慢慢地，用户自身就失去了这些能力，只能依赖于平台提供的工具。这是赋能的本来面貌。

假如有人想要打造一个行业的赋能平台，就要有意识地先去想想这个平台将颠覆哪个行业的规则？比如，用惯了网约车平台之后，大家就不再遵从出租车的"行规"了，也几乎不再现场拦出租车了。现在很多乘客会觉得直接拦出租车不太方便，打到出租车后又需要在车上付款，还要记得打发票。但是，用网约车平台打车就无须受这些琐事的困扰，而且乘客依赖并信任平台的算法，甚至会懒得看花了多少钱，到了月底或者过几个月，乘客如果有报销需要也可以一次性申请电子发票。用进废退，时间久了，适应了网约车模式的人们就将难以习惯以往的出租车"规则"。

如果企业打造了一个赋能平台，为用户提供服务，用户也真的习

第三部分
企业的数字化转型

惯使用这些服务了，结果会怎样呢？**用户会成为某种程度的"非独立人"，因为一旦离开平台就失去了自理能力，但这恰恰意味着用户对平台产生了黏性。**

之所以说互联网创造黏性，很重要的一点就是让用户没有必要再去做一些以往生活中习以为常的事情，甚至慢慢失去了做这些事情的能力。如果今天有人说想要做互联网，总是在讨论能拉来多少人数、能带来多少交易量，但这些都不是最重要的。最重要的是如何创造出黏性，这是互联网最重要的部分。同样道理，在未来的智能商业世界中最重要的依然是黏性。

结合之前讲过"左边—右边世界"的模型再进一步理解，在左边的世界中，做一个产品要追求利润，但是在右边的世界中很多人就会手足无措，不知道该追求什么指标了。所以，经常有人问我右边的世界怎么赚钱呢？一家公司总是要靠赚钱才能活下去，对吧？

回到第三章中"左边—右边"世界的内容来看，右边的世界也是赚钱的，只不过是赚钱的方式和左边不一样。在左边的世界里可能企业生产了一种设备，通过把设备卖给客户赚钱。而在右边的世界里，客户与企业的平台产生了黏性，客户离不开这个平台，该企业就可以从客户身上赚到整个生产流程、全业务周期的钱。

赋能就是让客户依赖平台，进而失去"独立生存"的能力。

右侧的世界强调交互，他们通过让客户与企业产生黏性来盈利。这些"离不开"企业的客户，甚至会向企业提出额外的需求，也许这些需求不在企业的业务范围内，但是企业完全可以作为中间商，将这些业务承包给相应的服务提供商，从而赚取转介绍的费用。

未来，本地化的服务平台将最具有发展潜力。过去，商业上追求的规模是指单产品做到极致、市场占有率非常高，而未来的趋势则是在一个小的范围内，把握好和用户接触的第一界面，并丰富界面上呈现的品类。

这也就是智能商业的第四个关键要点，我们再结合另外三个要点一起回顾一下：

第一，数据要拿完整；

第二，做服务的组织者，而不是做服务的提供者；不要什么都自己做，做得又累、服务又做不好，各项服务由擅长的公司提供就好；

第三，要关注用户在平台的黏性，通过平台赋能给用户"去能"；

第四，在小范围内丰富品类。

总之，传统商业是割裂的，而智能商业是融合的，并且未来会融合得更加深入。

产业端的颗粒度细化

按照以上逻辑推演出的结论就是：未来产业端的颗粒度将会不断细化。

从目前来看，互联网在过去5年里已经把消费端的颗粒度做得足够小了。互联网浪潮来袭之前，会员分类仅有三个维度：普通会员、银卡会员和金卡会员。现在,在互联网上描述一个消费端的用户就需要 6000 多个标签。想象一下用这么多标签描述你的特性,这会让机器比你更加了解你自己。

在淘宝卖家内部有个小的分享机制,店家之间会分享"常打差评者"的名单。淘宝本身是拒绝做这个标签的,但是这个标签名单会在商家之间广为流传。只要你的账号在这个清单中,很多店铺可能会宁可不做你生意。所以,在这个人人能说话的信息时代,不是说能写差评就很"牛"、就可以威胁商家、横行霸道了,因为在消费端,各种标签的颗粒度已经做得非常精细了。你的 6000 多个标签,既让别人有利用的方法,也有防范的方法。

如图 7-3 所示,与消费端形成鲜明对比的是,产业端的颗粒度并没有很细。在产业端,企业还在以很传统的方式生产——接订单、备料、生产、仓储、运输,上半年生产桌子,下半年生产椅子……

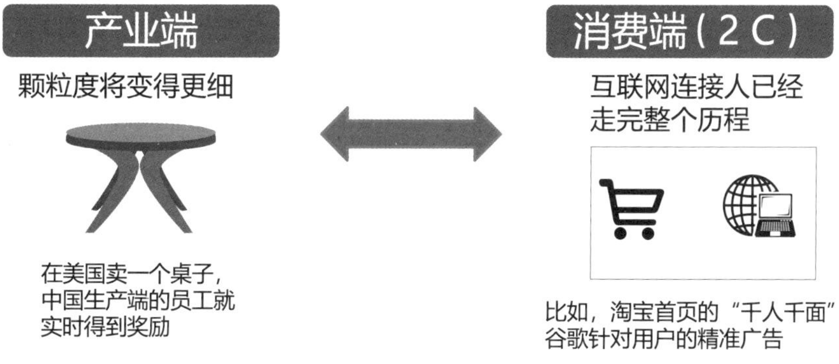

产业端
颗粒度将变得更细

在美国卖一个桌子,中国生产端的员工就实时得到奖励

消费端(2C)
互联网连接人已经走完整个历程

比如,淘宝首页的"千人千面"和谷歌针对用户的精准广告

图 7-3　未来智能商业趋势:产业端的颗粒度变细

无边界企业：
数字时代下的平台化转型

但想象这样一个场景：一家工厂把它生产的桌子出口到美国，一个美国人买了这张桌子。在这张桌子被购买的一瞬间，生产这张桌子的那名工人就拿到一笔奖金，工人就会很卖力气地把桌子质量做得更好。我非常期待未来能通过区块链技术来实现这个场景。

更重要的是，这种方式有机会把产业端的颗粒度也做得极细。所以，未来智能商业的机会来自产业端。真正的机会就在于，如何做出同样精细化的产业端去配合颗粒度如此精细的消费端。

"人工智能 + 制造"面临挑战

既然讲到未来产业端的智能化，那就不得不提"人工智能 + 制造"的产业端模式。

从产业端看，人工智能和以前十分火爆的概念——自动化又有什么区别呢？

自动化是生产制造过程中各环节高效率的配合，但是它不会负责分钱这件事。

而人工智能在未来会管到分钱，它可以超出制造业传统的单一流程，形成一整套的融合体系。

目前，人类在 AI 应用时却遭遇了很大的障碍，比如 2019 年接连发生了波音 737MAX 系列飞机坠毁事件。飞机坠毁事件的原因可以理解成"机器和人打架的情况"。

传统的飞机都是以人驾驶飞机为主，机器驾驶为辅。在机器自动驾驶期间，只要有人的介入，自动驾驶就会失效，转而进入人工操作模式。但是波音在737MAX系列上做了一个非常大胆的改变——那就是驾驶员不能直接夺回控制权，因为软件系统的权限是高于驾驶员的，驾驶员需要按一个专门的触发按钮才能夺回驾驶权。在737MAX飞机中，默认以机器驾驶飞机为主，人工驾驶为辅。然而，竟然很多飞行员都不知道这个情况。也就是说，这些悲剧发生的根本原因是飞行员的训练不足。他们根本不知道还需要去按一个按钮，而是通过以往的经验就判断飞机失灵了，所以就变成了驾驶员跟飞机的自动驾驶系统"打架"40秒，最后造成了飞机坠毁的惨剧。其实在这40秒中，只要驾驶员用半秒的时间按一下那个按钮夺回飞机的控制权，就不会发生这样的悲剧了。

如今，汽车的自动驾驶应用也处于正在进行时。**大概自2012年起，汽车的自动驾驶的技术已经发展得比较完善了，但直到2021年依然没有办法大规模应用，问题出在了哪里呢？答案是，机器永远不知道其他车里的驾驶员是不是在胡乱开车！**

那个驾驶员可能打着左灯往右转、可能大白天就开着大灯、可能没下雨就开着雨刷……人工驾驶汽车和机器驾驶汽车在一个场景行驶，自动驾驶汽车需要判断对面的车到底想要做什么，并以此来调整自己的操作。如果对方胡乱开车而使自动驾驶汽车判断失误，极易发生事故。假如有一个场景里全部都是自动驾驶汽车，那大概就没有问题了。所以，如果要做无人驾驶的应用场景，我的建议是这样的：在

无边界企业：
数字时代下的平台化转型

海南岛上建一些自动驾驶汽车的专有公路，不许人工驾驶的汽车到这些路段行驶。

海南省近些年也有将自己打造成自由贸易港的长期规划，我觉得可以在这个规划中把海南的"八大港口"用干线连起来，通过自动驾驶的货车运输集装箱、自动驾驶的汽车运载乘客。在这样的应用场景下，不仅运输的效率能够得以提升，车祸率还会大大降低。通过这样的场景试验，人类对自动驾驶车辆的信任度会大大提高，也就起到了教育用户的作用。就像现在乘客乘坐网约车时不再去考虑路线、不再去看付款金额了一样。

乘客一上车就告诉自动驾驶汽车去海口就可以了，甚至连到哪里去都不用说，因为乘客一上车，自动驾驶汽车就可以识别出客户的身份，按照客户的需求进行服务。哪怕中途想要换个目的地，乘客只要再跟自动驾驶汽车沟通一下，它就会马上重新规划路线，载着乘客去新的地点。

我相信会有那么一天，一些路段只用于自动驾驶汽车使用，人工驾驶汽车不能使用。就像当年的"马路"不让骑马的人上路了一样，如果你坚持要骑马的话，就拜托你到马场花钱骑几圈吧！虽然马路的名字没有变，但是很多路早已不允许马在上面跑了。那未来很有可能会出现这样的情况：如果你坚持要开车的话，就拜托你到赛车场花钱开几圈吧！开完车出了赛车场的门，还是得坐无人驾驶汽车回家。

在未来的世界中，人类生活中目之所及的一切应该都是数字化的。

而这个数字化的世界最好不要有太多不可控、不能遵守规则的人参与进来。

总结一下本节要点：

第一，未来的商业变革的最大机遇在于产业端，产业端的变革一定会通过赋能平台的方式来实现。

第二，平台的"赋能"实则是在给平台的使用者进行"去能"，使用户非常依赖平台，以至于失去了"独立生存"的能力。这就要求未来的平台不是在某种服务上扩大客户范围，而是在小范围内把服务品类做丰富。

第三，新商业模式会把产业端的颗粒度做得极精细，足以与现在的消费端的颗粒度相匹配。

第四，实现新的商业智能需要人工智能和产业端的结合。人类在目前的过渡期中，正面临着人和机器谁来操控系统的冲突，这个阶段一定会让人们非常不适应。但从历史的经验来看，科技的车轮一定会不断向前滚动，这一代人必定会见证新商业时代的到来。

我认出风暴，而激动如大海。

智能制造平台案例

到目前为止，本书讲了很多理念性的内容，包括目前的机会在产业端，包括结合哪些新模式和技术在未来会颠覆现有的商业模式。尽

**无边界企业：
数字时代下的平台化转型**

管我一直在用案例配合理念性内容的解读，但读者们可能仍会有"形而上"的感觉。因此，在本书的末尾章节，我会以自己在制造业亲自操刀的一个典型应用案例来让读者加深对本书理念的理解，也让读者对所处行业的数字化转型如何落地有更多启发。

国家产业战略

经过教培行业整顿和互联网反垄断的背景，大家愈发感受到了关注国家政策导向的重要性。在各种政策文件里，可以明确的是中国制造业的未来是智能化。

在投身产业化转型之前，你可能会想知道我国的智能制造的前景究竟如何？首先，从国家战略层面理解，智能制造业是国家战略层面的事情，参与者不止有中国，还有德国、美国、日本等，本章会用德国来做一个参照。

根据德国的《国家工业战略2030》文件，其2030战略的终极目标是确保或者说重夺德国在全球的科技领先地位。在这个战略规划中，政府将会出面调整并建立一些跨企业的联合体，来共同进行很多重要领域的推进，涉及的九大领域包括原料产业、化工产业、设备和机械制造、汽车及其零部件制造、光学与医学仪器产业、环保技术部门、国防工业、航空航天工业以及运用3D打印等。并且直接提出允许企业形成垄断，在某些领域，德国需要拥有国家乃至欧洲范围内的旗舰企业，使其拥有与全球巨头抗衡的能力。

读过德国《国家工业战略 2030》原文的人往往会有一个感受，那就是这个战略很显然对标的是《中国制造 2025》。

这两者的区别在于，欧洲的政府影响力太小，属于典型的小政府，德国的主流舆论是非常反对政府的政策过多干预市场的。

这导致政府想做规划、主导产业发展都需要很小心。事实上，德国的《国家工业战略 2030》已经饱受社会各界人士的质疑。而我国的政府模式很容易做长远的规划和布局。

对比德国 2030 战略，从国家运行的机制上来看，按照中国政府的规划方式走下去，中国未来的智能制造发展是非常值得期待的。而企业家们选择这条道路、搭上这趟快车将会是非常明智的选择，也是非常符合国家政策导向的。

数字化小微制造业集群

确认了国家政策导向，那么具体到产业内，怎么实现智能制造落地呢？

在这一部分，我要分享一个自己在做的典型制造业案例。之所以把这个案例放到最后，是因为这个案例在我授课过程中，是让很多企业家们非常兴奋、深受启发的一个，希望对这个案例的分解也会让你有收获。

这个制造业项目是来自一位从事家具外贸出口的学员，他所经营的公司的订单质量很好。这家公司拿到外贸订单后就去找国内的小工

无边界企业：
数字时代下的平台化转型

厂生产。但是这个模式的问题就在于外包出去订单后，订单响应时长不稳定、生产质量经常不一致。和一般人想的一样——如果没保障，那不如我自己做吧！这个外贸公司老板一气之下回到了他的山东老家开了一家工厂，这样既保障了生产质量，也保障了订单响应速度。后来，他又开了3家工厂，但是当他开到第4家工厂时，却发现自己管理不过来了。

管理能力阻碍了规模的扩张，他该怎么办？这位学员在听了我的课后，就请我帮他想办法管理好这么多小工厂。**我给他的建议是：我们需要做一个数字化超级运营平台，在这个平台的基础下，管理400家工厂跟管理4家工厂一样容易。**

之后，我去这位学员的工厂做了实地调研，发现了一件特别有意思的事情：2018年年初是中国小企业遇到最大困难的时候，因为政府会非常严格地检查环保达标情况。那时候大家的共识是政府在打击小企业，但实际上，政府的目标是想让小企业们合并成大企业。但是事与愿违，本来想让大家合并，结果却直接让一些小企业宣告破产。

通过多次对地方政府人员的调研，我发现地方政府的项目分两种：一种叫作强县项目，另一种叫作富民项目。什么是强县项目呢？就是能收得上税的项目。那什么叫富民项目呢？就是收不上税的项目却让老百姓变富，所以叫富民项目。当时，地方政府更希望多做强县项目。因为地方政府主政一方也不容易，环保问题大、税收成本高，政府还得做招商引资——比如，地产商在某园区投了几十亿元，搞了个偌大的产业园区，结果没有公司入驻，这样招商引资就变得更难了，这些都是令地方政府头疼的问题。问题是，为什么没有公司入驻呢？因为租金高吗？但是很多租金更高的园区大家都抢着入驻，这是为什么呢？原因在于，产业园区的各种服务都要做好标准化，而标准化是需要消耗很高成本的。如果入驻这个园区不会带来新的订单、没有降低成本，又没有更便利的生产，那么企业为什么要搬进去呢？这些小企业主还不如就在自家的院子里弄个小作坊，有订单就做一做，没订单就放着。所以，很多地产商明明拿着特别好的商业地产资源，却依然招商困难。

根本原因就是，在经济体系中，经济水平取决于三个因素——资源、技术和制度，如图7-4所示。经济体的底线由资源决定，经济体繁荣的天花板由制度决定，而技术则决定了经济体发展的速度。

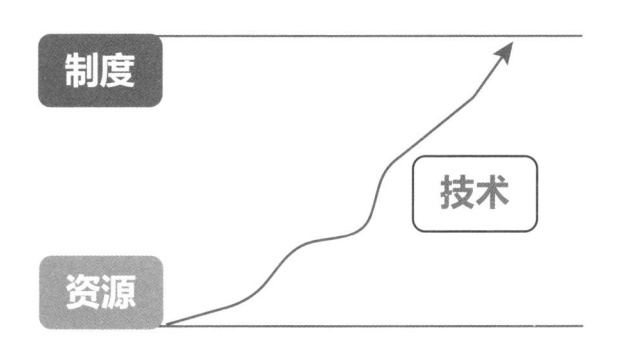

图7-4 决定经济水平的三个因素之间的关系

所以，地产商虽然有很好的资源，却面临着制度的天花板。

总之，整个生态的情况是这样的：工厂活得很艰难、园区地产商

无边界企业：
数字时代下的平台化转型

很头疼，贸易商也过得不好。贸易商拿到订单后，找不到靠谱的工厂长期承接，导致他们接到的订单生产出的产品每一批都不一样，质量非常不稳定。

所以，从过去来看，我们是产业大国，但不是产业强国。在这种三方都头疼的情况下，我提出的方案就是打造一个数字化的超级运营平台，这个平台要把园区内的贸易、金融、物流的管理统一整合起来。

这个平台的原则是："所有的小工厂的非核心业务都是平台的核心业务。"沿着这句话的思路来想象一下，一家小工厂有20个员工是做家具的，我想要把它招商引进到园区中，我代表园区平台和工厂主沟通：

"你到底擅长做什么？哪些事是你不愿意做的？"
"打水、扫地、办证、交税……这些我都不愿意做！"
"行，这些事我来做了！我还可以帮你申请贷款,给你提供订单！"
这个工厂主就觉得条件很好，后来又补充说："其实我也不愿意做喷漆，喷漆的设备太贵了！"

于是，这个项目又在园区里面做了一个小家具厂共用的喷漆车间，这些小家具厂可以按次付费使用喷漆车间。后来，这些小工厂要求园区平台为他们提供备料服务。园区平台也满足了这个需求，以至于很多入驻园区的小工厂只要"把木头锯一锯再打个孔"就可以赚到钱了。

最后，园区里的情形是这样的：产业园区为小工厂统一备料。材料在运输到小工厂之前，统一由园区的喷漆车间等把各个环节处理好。如果园区内的小工厂需要申请贷款，园区也可以为其做担保背书。这个园区大概有 1000 亩地、有 50 家小工厂入驻，入驻后工厂自己需要做的事情就非常简单了。这些本来"长不大、活不长"，陷入了恶性循环的小工厂们被整合在这个大的数字化平台上后，不但做到了起死回生，还生存得十分舒适，如图 7-5 所示。

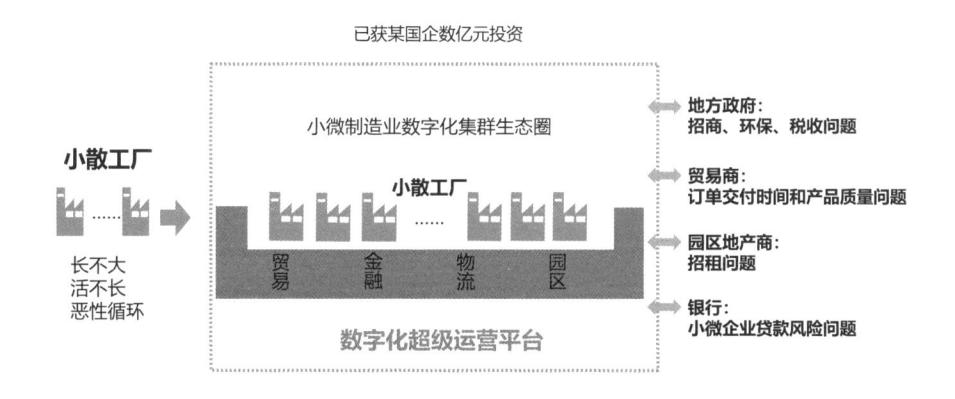

图 7-5 小微制造业集群生态圈模式

这又符合了赋能平台给客户去能的本质。**这个制造业集群平台通过金融和数字化的理念设计改变了整个产业模式。**

多方共赢模式原理

我将小微制造业集群生态圈模式又称为多方共赢模式，接下来，我将继续深入剖析多方共赢模式，从而带领大家了解该模式设计之下更深层的运作原理。在这个项目一期的规划中，在平台把1000亩地的合同签下来的同时，平台的资产价值就涨了4倍，这是怎么做到的呢？

如果能回答好以下两个问题，就能理解平台模式设计的关键。这两个问题是：平台的资产在哪里？如何评估平台值多少钱？

第一，肯定有传统的资产——有土地、厂房。

第二，园区里入驻的50家小工厂的互联网资产是属于谁的？答案是属于平台的。就像网约车平台的车是由车主购买的，但是与出租车公司的车一样，都是给平台和车主创造价值，而这些车离开了网约车平台，就无法再带来现金流。同样道理，虽然这些设备都是工厂主自己买的，但这些设备其实在为工厂和平台同时创造价值，所以这些设备可以说是属于平台的资产，是在为平台创造收益的资产，虽然平台对其并没有产权。

平台除了非产权的资产性收入，还有其他收入吗？有的，平台在为这些小工厂提供助贷服务。如果仅仅以小工厂为主体申请贷款，这些小工厂往往都拿不到贷款。如果通过以平台为主体申请贷款，以平台的征信水平可以拿到更低的利息，这就让这些小工厂更加离不开平台。实践中，聪明的小工厂主会主动从平台贷款，因为平台为了能拿回借出的本金和利息，就会更加努力地保障小工厂的订单情况和生产情况，确保小工厂生产经营得更好。小工厂主从平台贷款，还相当于为自己的长远发展买了一份"生存保险"。而从平台的角度来看，贷款、融资租赁的利息可以拿回来，其他的平台抽成也可以照常拿到。

第三部分
企业的数字化转型

平台和入驻的小工厂由此就真正共建了利益共同体。

基于以上合作方式打造的平台有两个赚钱的方式：**金融方式和流水分成方式**。这个模式和参与模式的每个人其实都在给银行打工，而银行也希望借出的每一笔钱都不会形成坏账。基于"商而优则融"的理念，在设计商业模式的时候，我的团队都会将金融理念融合到商业模式中进去。

看到这里有人可能会说，这个平台不是在"吸血"吗？平台要收服务费、租金，还通过金融赚钱，小工厂主会接受吗？实际上，这些小工厂主是乐意接受的，因为平台承担了工厂的风险。后来，多方共赢模式被山东高速物流集团投资，原因是山东高速物流集团有资源，而多方共赢模式打造的平台有好的运营模式，平台负责把招商引资、生产、订单都做好，山东高速物流集团则可以把自身好的资源配备到平台上去。

多方共赢模式在两个方面非常契合目前政策导向转型的大方向：

第一，顺应了国有企业的转型趋势。目前有一批大型国企需要以市场化的方式做大做强，但是它们自己做得非常困难，所以它们需要找到市场力量来合作。这就要求合作方会经营市场，而大型国企可以提供财力物力。在这个项目成型之后，山东高速物流集团还希望能在不同地区复制这个模式，正说明了这是大型国企们非常认可的合作模式。

第二，顺应了地方政府转型做服务型政府的需要。这个项目从一

无边界企业：
数字时代下的平台化转型

个小的民营企业主导的项目成为省级项目，甚至跨过了当地的地方政府。所谓服务型地方政府就是在不需要的时候，它既不用出力、也不用阻拦，而在遇到阻碍的时候，它能够帮忙解决。在这个项目中，实现了未来服务型地方政府的最佳典型形态。

以上就是小微制造业集群生态圈模式的设计和落地情况。在这个模式中，平台运营融入了数字化、金融化的理念，实现了平台、工厂主、投资方的多方共赢。

一个商业模式想要成功，既要顺应市场发展的趋势，也要顺应国家的政策倡导。而小微制造业集群生态圈模式的运作正符合近年来地方政府转型、大型国企转型的大趋势。

另外，需要提醒你的是，在项目具体落地时，数字化、金融化的理念也要渗透入生产的每个环节中。符合趋势的顶层模式设计与落地实施的细节相配合，一个创新型的项目大概率就会无往不利。

希望这套以数字化方式实现"新制造＋新金融＋新零售"的模式能够对你有所启发，帮助你打通产业链，开启全行业的数字化新变革。

在此基础之上，我目前正在做地产行业的全链数字化转型，后续将就此项目专门编写成文，再与广大读者分享。

附录

深度理解 OKR[1]

现在有很多企业都在学习 OKR（目标与关键成果法）考核方式来代替传统的 KPI，但是我发现多数的企业管理者并没有理解 OKR 的逻辑，所以在附录中，我将拆解 OKR 的本质。

—— 01 ——
能看到本质才能看到未来

首先，一家公司的最高领导者会有一个自己的目标，一般被描述成这家企业的愿景，这是一个大的 OKR，你可以去看看自己企业的愿

---

[1] 本节内容由张其亮于 2019 年世纪金源集团内部讲座的讲稿整理而得。

景是什么。如果现在就让公司把最高领导者的OKR落实到工作中去，那应该很困难。

为什么我们在日常工作中会觉得公司最高领导者的目标有点"虚"，有点抓不住？

因为能看到本质的人才能看到未来。

一家企业从最高领导者设定目标（战略）到高管分解目标（战术），到基层完成目标（战斗），就构成了一个完整的管理体系。

—— 02 ——
思考：KPI出了什么问题？

战略、战术、战斗这三个环节的目标是同一个目标吗？

这不是一个目标。这就带来一个问题，KPI出了什么问题？KPI可以做得非常漂亮，在数据上做得无比完美，但是最终运行KPI时遇到了很大的问题——公司设定不好"I"（指标）。假如全公司要做100亿元营收，利润20亿元，我们可以把这个目标进行分解，这是可以量化的数字。但是对于很难量化的数字，就非常难设定KPI。比如，海底捞服务人员的KPI细化到为客人提供倒水服务。

我为什么要先讲KPI？如果大家只知其然而不知其所以然，就很难用好OKR。KPI很好，但不代表学了OKR就不用KPI了。

我们要思考KPI出了什么问题？OKR出来之后，是不是就可以完全不用 KPI 了？在 OKR 里，"O"和"KR"是什么关系？"O"的作用是什么？"R"的作用是什么？"R"本身的问题是什么？

—— 03 ——
思考的逻辑：因果关系、关联关系

首先，我来讲讲有关因果关系和关联关系的思考逻辑。**这两者**看起来很简单，但是人们经常会混淆。因果关系非常简单，比如 100 亿元和 20 亿元的目标分解。而关联关系则相对复杂一些。讲个小故事，曾有这样一个说法：经常喝葡萄酒的人身体通常比一般人更健康，科学家也在研究到底葡萄酒里的什么物质让人保持健康。但最后人们发现健康的原因在于喝葡萄酒的人有钱，因为有钱能喝葡萄酒，有钱能得到好的医疗服务和生活质量。现实生活中我们容易把这种关联关系误认为是因果关系。

我们需要发现这两者的本质区别，也就是要深入探索"R"，弄清楚到底是什么成果（result）。我得到的成果符合我的目标吗？还是说这并不是最终的成果？又或者我的目标从一开始就错了？

—— 04 ——
KPI vs. OKR：如果你分解目标有困难，那就可以考虑采用 OKR

下面我们对比一下 KPI 和 OKR。

KPI 是企业关键绩效指标，这里的"指标 = 指数 + 目标"，指数是行为指数，目标是通过上级分解并安排给下级。KPI 的问题出在指标上——要求一个人每天正点上下班，上几次厕所。这样的行为能不能保证完成绩效和目标？这是关联关系，这是让很多人不能很好推行 KPI 的主要原因。

KPI 的目标是很好量化的，但对指数和目标的混淆导致很多管理者非常痛苦，最后就产生这样一个结果，公司只按照最高领导者给的 KPI 进行分解，而这些所谓大数据推导出来的都是关联关系。

因为 KPI 有这么多不清晰、令人混淆的地方，于是就出现了 OKR。OKR 即目标与关键成果法，其中目标是下级在上级的辅导下自行确定，成果是验证目标，传递协同信号。OKR 的先进性在于强化了目标和可量化部分。OKR 是可以穿透组织边界的。

我们举个例子来说明这个过程：假如有一个部门有这样一个目标——把景区做成周边游首选，景区门票收入增加 20%。那么这个部门在做 OKR 时，就要明确这个成果。然后，负责停车场的人会想到车位可能不够，他就会去想办法增加车位。

如果你不能把你的成果在做计划时以终为始，昭告天下，大家就没法帮你，所以你的成果目标要简单易懂。

做一个简单的总结：KPI更多应用在复制性领域，劳动计量比较明确；OKR是针对创新性领域的团队，劳动计量不明确。

—05—
OKR更适用于创新型工作领域

每家企业都两个目标："钱多多和活长长"。企业想挣钱就要复制不要创新，创新导致不挣钱的风险很大。复制就是不停做一件事，把成本降低，就能挣到钱了，这叫规模经济。

但是，只靠做大规模，不创新可以吗？诺基亚说"We do nothing wrong"（我们没有做错什么），但还是难逃厄运。诺基亚很挣钱，但没有创新，所以被以苹果为代表的智能机击溃了。

一家企业降低成本靠复制靠规模，但是没有创新就会难以存活。

所以，复制的目标是为了"钱多多"，创新是为了企业"活长长"。

那怎么创新呢？不能一说创新就全员创新、什么都不干了，要部分创新、部分复制。很多企业的创新部门的业务收入并不好，但是最高领导层知道这个业务一旦稳定下来就会开创第二或者第三曲线，最高领导者往往看得更高更远。

OKR更适用于业务还没有稳定成型的创新部门，但是不要纠结于

"是不是学了 OKR，就可以把 KPI 全部扔掉"，这取决于是创新型岗位还是复制型岗位。

一个好的组织需要"法治"和"人治"，而且一定要有"人治"。KPI 的全部"法治"是行不通的，因为考核的结果会因人而异的，领导有自己的风格和价值偏好，所以无论设计 KPI 还是 OKR，都要保留领导所能变动的弹性空间。这个空间非常重要，是反映领导力的关键点，所以大家不要认为我们有一个非常好的体制就可以完全依靠"法治"了。

—06—
升级思维

刚才我们说领导有自己的风格，同一个员工做同样的事情，有的领导喜欢，有的领导不喜欢，怎么办？各位领导按照自己的喜好打分就可以了，因为公司赋权给了领导，领导的偏好就是这个团队该有的风格。但团队该怎么运作？升级思维。

当团队在制定目标时，应首先完成上级给出的任务。但是如何执行才能给出一个让上级满意的成果？这就需要团队揣摩出"上级的上司"的想法。如果团队的目标能够跟"上级的上司"的目标一致，那么团队的工作成效大概率会得到上级的满意和赏识。

可能有的员工非常厉害，会说要不要考虑三层呢？千万不要，两层就够了！对一个员工来说，最满意的状态是把事情做好了，并得到认可。物质认可对20世纪70年代之前出生的员工非常有用，但对85后、90后不太有用，他们对物质需求没那么大，他们最需要的是被认可，这是非常重要的。这是OKR形成的大环境，传统的激励方式不奏效，没等罚款员工就离职了。所以对这类员工来说，除了物质奖励，他们更渴望的是成就感。**什么是成就感？就是通过你的努力，景区的家庭型游客数量增多了，相应的负责团队会对你说："谢谢你，停车场的收入翻了一番。"你虽然没拿到钱，但是获得了成就感。**

在企业内部，我们有非常多的互补资源，但如果员工只是完成领导布置的任务，不去了解其他人的工作，这是不够的。企业要把这些资源融合在一起，变成一个巨大的生态，企业的每一个员工都要明确企业下一步的目标是什么，会有一个什么好的结果，这就是OKR对我们的关键改变——升级思维。

—— 07 ——
无论老板的决定是什么，都要帮助这个决定变成最正确的决定

关于升级思维，分享一个我过去的工作习惯，就是无论老板的想法是否正确，都要去执行，因为老板的想法正确，你执行就成功了，如果你敷衍就失败了；老板想法错误，你执行后反馈给老板，老板很快会改正，也会成功。你若敷衍就肯定会失败。

—08—

目标森林：每个人的目标都涵盖在团队、部门、产业的大目标之内

刚才我们讲了在OKR里，员工的目标要跟企业最高领导者的目标一致，但如果直接这么做下去，那就是KPI了。今天我们需要深入了解一下，相比KPI，OKR做了什么本质上的改进？对于KPI，企业层层分解最高领导者的目标，被分解的目标落到每一个员工身上，员工按照被分配的目标执行就可以，甚至不论对错。而OKR是自下而上做的目标，我称之为目标森林（Objective Forest），它的起始来自目标的树叶，想想你自己的目标是什么？偏好是什么？**先不管领导的想法，先想想做到哪一步，我就舒服了，这是目标叶。第二个是目标枝，我们团队结合在一起做好什么就兴奋了？这些树枝在一起就组成了目标树。**

现在，再来想想生态是什么？就是**不但要"做好森林"，还要"做好阳光和水分"**，即不但利用好企业的内部资源，还要把外部资源也利用起来。传统企业是利用有产权的资源，而生态讲的是如何利用有产权的资源，这就是目标森林。

—09—
你的关键成果（Key Result）是他人的关键资源（Key Resource）

如果企业的基层员工设定好了目标，那么在企业体系里会出现什么样的工作状态？对此，我分了4类：**舒适享受型**（工作舒适，很享受）、**舒适消沉型**（工作舒适，没压力但也没动力）、**舒适挣扎型**（环境舒适，但是这份工作令人焦虑）、**舒适奋斗型**（看得到希望，工作舒适，也让人愿意为之奋斗）。

过去传统的管理一直想让人们走出"舒适区"，进行挑战。但其实没有这个必要，每个人的目标都应该是自己设定的，达到这个目标，愉悦自己即可。让员工舒适是领导应该做的事。

而且OKR的目标管理就是给每个人设定一个"舒适区"，员工在这个"舒适区"里奋斗才是最有效率的。

如图1所示，每个台阶都是一个"O"，每个人的目标都是连续的，每一个"O"都是实现下一个"O"的基础。

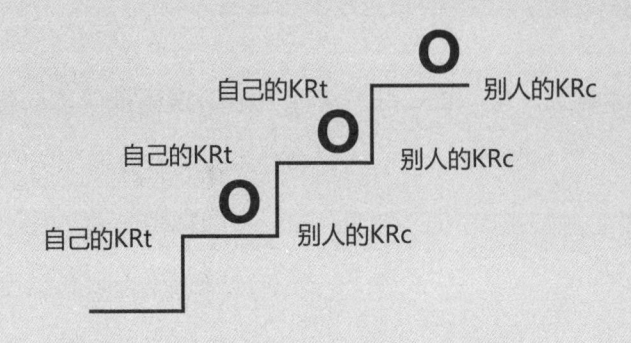

```
          自己的KRt ─── O
                        别人的KRc
   自己的KRt ─── O
                 别人的KRc
自己的KRt ─── O
              别人的KRc
```

注：KRt、KRc 即关键成果、关键资源的缩写。

图 1　O 和 KR 之间的关系

怎么检验自己是否实现了目标？就是当你自己的 Key Result 是他人的 Key Resource 时。这一点非常重要。

所以，当你制定自己的关键成果时，首先要先检验一下因果关系，是不是有了这个关键成果，就能实现自己的目标了。如果是，那就太好了。但这还不够，还要做点关联关系，假如这个关键成果实现了，有没有可能成为别人的关键资源呢？也就是把自己的目标跟别人的目标做关联关系。同样，**每个团队的关键成果应该是该团队下一个目标的起始点，同时也是其他团队实现目标的关键资源。**

我们不但要知道自己要做什么，还要想想怎么给其他人带去好处，不但要想因果关系，还要想关联关系。

附 录

— 10 —
无边界组织：跨越边界不等同于消除边界，而是放松边界，增强边界的可渗透性

什么是无边界组织？怎样用 OKR 穿透组织边界？如果我们用 OKR 的关联关系去工作，组织边界还会那么明显吗？停车场是后勤部门的，市场部要协作一下，过去要经过很多层审批。但是，就像前面说的例子，如果市场部把 OKR 公布出来，说我们要把景区做成周边游首选，景区门票收入需要增加 20%，那么后勤部门就会想要把停车场完善起来，不然当市场部的目标达成时，停车场却会停不下车了，这就是自驱。但自驱的前提有个目标，如果企业内的各个部门看不到目标，那么当相关项目推进到一定程度时，就将因准备不足，被拖慢进度，甚至面临危机。

做好 OKR 就能够打破企业的边界，做好 OKR 就可以非常好地实现企业转型。**传统企业靠组织力，组织力就是驱动有产权的资源；互联网靠动员力，动员力就是驱动和激励没有产权的资源。** 很多人说激励很难做，如果你认为拥有产权的激励都很难做，那么就想想互联网是怎么激励没有产权的资源的。比如，**网约车平台打车的司机不是平台的员工，但是网约车平台通过即时奖励、即时分账的方法很好地激励了司机。**

我们还要分清楚前置分账和后置分账，**后置分账适合经理和商人，**

无边界企业：
数字时代下的平台化转型

基层员工要用前置分账。要摒弃过去的传统想法：这是我的，那不是我的；这是我做的，那不是我做的。用 OKR 的方式打破组织边界是非常有希望的。

— 11 —
转型 = 边界升维

打破边界之后就是边界升维，从产权边界（企业边界）到用户边界（规则边界），到信用边界（货币边界，就是国界）。也就是说，穿透产权就到用户，穿透用户就到货币，转型的过程就是边界升维的过程。

希望上面的思考和分享能让大家在面对 OKR 和 KPI 时，不那么焦虑，知道该在哪里用、又该如何用？

在很多情况下，我们看不懂最高领导的决策，那是因为他看的比我们更高、更远，所以有些公司的愿景、价值观会让很多人不知所云。但通过以上对 OKR 的深度理解，我们也许会有一些新的理解。我们就在企业的 OKR 森林里，阳光无处不在。我们不用担心，只要做好自己的目标叶，团队就会形成目标枝。享受自己的工作，并为之努力奋斗即可！

附 录

互联网时代下金融业的演化路径和未来出路[1]

由中国科学院《互联网周刊》和中国社科院信息化研究中心主办的 2012 第十届中国互联网经济论坛暨"金 i 奖"颁奖典礼于 2012 年 12 月 18 日在北京万豪酒店隆重召开。在下午的分论坛之金融互联网高峰论坛中，本书的作者之一张其亮老师做了主题演讲，他的题目是《构建智能金融最佳路径》。

以下是对其演讲内容的归纳总结：互联网的兴起在技术方面是从网络技术的突破开始的，进而以其大容量、高速度的信息传递方式深入渗透到社会经济的各个环节，经过 20 多年的发展我们发现互联网正在以迅雷不及掩耳之势打破每一个行业。接下来我将在这样一个非常好的时机，跟大家分享一下我对此的观察。

---

[1] 本文由张其亮在"2012 中国互联网经济论坛"的演讲整理而得，彼时张其亮老师任职思科大中华区金融行业首席架构师。

— *01* —

金融业（银行业）的演化逻辑

互联网技术、银行和互联网之间存在的一个互动的三角。如果将互联网技术作为一种工具，那么在各行各业中，我们认为银行业对互联网技术的投入、应用做得是最好的。但如果将银行作为经济生活的一种工具，那么在我们的经济生活经历工业时代到信息时代，再到互联网经济时代的整个演进历程中，银行作为新金融、新经济的一种工具，其做得是否足够好？答案是否定的。也因此，才会出现现今的"支付业务大战"。马云曾声称，银行不做改变，我们就去改变他们。而在银行业看来，支付本身就不是一个独立的金融产品。但如今两者的局面，大家都有目共睹。

银行利用互联网技术做了些什么改变？大概经历了4个阶段：替代手工、全行的数据大集中、渠道整合和个性化服务。我用一个更简单的说法来解释一下这4个阶段：几十年前的银行是这样的——一个高高的台子上有面很大的玻璃，玻璃后面坐了一个人，桌子上放了几样东西：一支笔、一本账本、一个印鉴。那么这4个阶段分别就是：

第一阶段，互联网技术拿走了那支笔，实现了电子化。

第二阶段，拿走了那本账本，即数据大集中。中国工商银行花了25年的时间完成了第一阶段和第二阶段，并在数据大集中阶段一举奠定了自己在银行IT业"第一把手"的地位。

附　录

第三阶段，拿走了印鉴。

第四阶段，则替代了人工。

作为一个观察者，我还发现了另外一点：银行不赚钱。据我所知，就支付业务来说，全国大概没有超过三家银行在这上面是盈利的。更不要说和互联网金融领域的企业们相比了。我们认为今天所有的银行都"不是银行"，它们都只是工业时代的银行。因为人们去银行贷款，银行要问你有什么资产，有厂房吗？没有。房子也行。没房子。而这是典型的工业时代的状态。

而互联网金融比较看重流动性的信用，比如你是淘宝平台上的某一个网商或者店家，你去跟互联网金融企业贷款30万元。虽然你没有厂房也没有店铺，但我一看你的店铺信用等级有"6个皇冠"，每天流水15万元，并已经坚持营业5年。那么在我的后台系统里，对你的评估是可以贷款200万元。现在你只申请贷款30万元，那么我就会很轻松地贷款给你。在这个贷款过程中，有成本吗？操作成本几乎为零。客户的风险在哪里？什么事情都有风险，如果你预先知道什么时候会产生损失，能够提前规避，那就没有风险。因为我同时还掌握着这个人的所有经营信息，我可以在发现情况不对时，去要求他还款，而不是当他真正还不起钱的时候才跑去催债。

接下来，再回到互联网技术上。互联网技术对一家企业进行改变的终极状态是什么？**互联网技术能够将一家普通企业变成一家反应速度非常快的企业。** 这个快速反应包括两个方面，一方面是执行方面，

195

提高执行要求的效率；另一个方面是决策的高效性，通过互联网技术提高思考、决策效率。互联网技术能够延伸出各种途径帮助我们感知数据、捕捉数据，并帮助我们分析相关事件。

— 02 —
互联网的演化路径

在互联网时代，人们开始形成互联网生活方式的习惯，各行各业开始出现互联网经济模式，那银行该怎么做转变？我今天不是直接告诉你答案，我想先给你讲一下互联网到底是怎么发展的。互联网技术本身是一种信息传播的技术，让信息传播的速度越来越快。在信息传播学中有三个基本要素：信源、信宿、信道。报纸就是典型的信源。报社老板的理想是什么？就是记者刚刚采访到的一个突发事件，下一秒全世界的人都能通过我的报纸了解这个时间的发生。而**互联网商业模式 1.0 变革了信源**。

信宿又是什么？是读者。对于读者来说，他们想要的是如何参与到信息传播中？可能是有一天自己也能写文章，而且自己的文章可以发表在各种信息媒体上。而这就是互联网商业模式 2.0 改变的事情，即大众都能参与，大众是信息的接受者，也是信息的发布者。

在互联网商业模式 3.0 阶段，互联网颠覆了信道。大家觉得微博和微信朋友圈是什么？

附 录

在微博和微信朋友圈，我可以免费关注能够提供自己想要的信息服务的提供者，而这些服务提供者每天都会帮我挑选我喜欢的信息，假如有一条信息我不喜欢，我就可以把它给取关。

从现在来看，互联网商业模式 2.0 以诸多网约车平台为典型例子，司机是平台服务的接受者，同时也是服务的提供者，互联网商业模式 3.0 则以社交电商为代表的拼多多为典型例子。

我想请问一下各位，如今你接触到的银行模式属于哪一个阶段？

多年前，银行向我们宣布它可以代缴费，基本上它想做的事才是我们能够享受的服务。后来，我们想让银行做的事，银行大概愿意做一些，而我认为这个阶段只属于银行模式 1.5，还没达到 2.0 阶段。

但是理财有点像 2.0 阶段，因为理财是我通过某种方式自己把钱贷出去。

互联网商业模式 3.0 改变的是信道，是渠道。而银行真正的失败就是在 3.0 阶段体现出来的，这个阶段对银行业来说也叫作"脱媒"。当资金流并不从银行这个管道流动起来时，银行才开始真正出现问题，所以"脱媒"正是互联网时代银行面临最大的问题，而且全世界的银行都正面临这个问题。

银行如何处理"脱媒"问题？还是要想办法做渠道，想办法去帮客户做一些事情，无论你是做产业链金融，还是做供应链金融，我都觉得非常好，互联网就是免费帮人家做事挣钱的，这样你才有机会把那个渠道拿回来。

无边界企业：
数字时代下的平台化转型

有的银行说我要做电商。我前两天刚刚跟一个节目制作的大老板聊，我的职责是帮客户想一想怎么样转型，而不是转业，毕竟金融业到今天为止都是一个非常好的行业。如果银行去做电商，从这个世界上被监管最严格的行业转而去做世界上目前几乎没监管的行业，那么这些银行或许会跟不上潮流，斗不过同行业的竞争者；或许会拉不下面子，去和那些互联网"小公司"竞争。所以银行不是想去做电商，而是想拿回那个被抢走的渠道。而且我建议这些银行不要试图深入做电商业务，只要能够将银行的金融服务植入到各行各业的流程里面去就好了。

我请各位注意，金融行业一直以来就以工具的方式渗透到各行各业之中，所以你完全没有必要投入到任何一个业务里面去，比如电商，你只要渗透就好了。银行今天面对的挑战，就是因为没能抓住互联网支付业务的机遇。而今天，仍然有很多小型电商难以生存，或者难以发展成规模，之所以做不出来，是因为没有人帮他做信用系统。这不就是银行的新机遇吗？这和贷款没有关系，而且当银行做了这样一个业务后，就不会再被"脱媒"了。另外，淘宝有自己独立的信用系统，支付宝也有独立的支付系统，当银行开始做信用系统后，同样也需要做一个完整的生态圈、生态环境。

最后两句话送给战斗在第一线的各位：**能工摹其形，巧匠摄其魂**。看看世界范围内，其他人成功的地方在哪里，但是在参考时，请记住中国国情的特殊性。

后记

共同迎接伟大的数字化时代

行文至此，本书已到尾声，我想再谈一谈为什么这本关于企业数字化转型的书会用《无边界企业：数字时代的平台化转型》这个名字。这个灵感是来自对未来世界的畅想，每当我跟身边的企业家、学者，以及我的学员们深入探讨时，我都会想象当数字化浪潮汹涌而至时，给各行各业带来巨大冲击的场景，那个画面在我脑海里非常清晰，那就是传统意义上的企业消失了，留下的是各行各业的平台和围绕平台提供各种服务的生产要素。

一直以来，商业世界中描述的企业，是拥有多少资产、多少座楼、多少条生产线、多少名员工，在公司内部会有组织架构、有工商注册号等，企业作为生产要素

无边界企业：
数字时代下的平台化转型

的组织者，产权范围内的生产要素它是一应俱全的，这是经济学界、商业界一直以来认可的企业，为了方便区分，我称之为"传统企业"。但是，未来企业的运作模式则完全不同，未来的各行各业或早或晚都会被平台型企业驱动，读者们可以通过网约车平台看到未来各行各业的雏形——对于网约车平台来讲，接送乘客的车不是平台的、车牌不是平台的、开车的司机不是平台的员工，接单的手机不是平台提供的……未来的各行各业都可以以此模式去畅想，制造业如此，房地产行业如此，服务业也是如此。这个模式必定是效率更高的，而效率更高的商业模式必定会取代效率更低的商业模式。在这个畅想下，企业的边界消失了，从以组织力的方式去驱动自己产权范围内的要素，转变成以动员力的方式去驱动全产业链内的要素，所以说，传统意义上的企业消失了，而那个场景应该是很美妙的。

另一个大家关心的问题是，这一轮的行业变革留给各个企业的时间窗口有多久。从宏观层面来看，我认为这个过程至少需要 10~20 年。但是留给每个行业的时间窗口其实并不长，基于资本力量驱动的迅速扩张，从这个行业被"盯上"开始到行业原有的运作模式和行业格局完全被颠覆，可能只需要 3 年的时间。读者可以回想一下，网约车行业从疯狂补贴以抢占市场，到它确立不可撼动的领袖地位，乃至融入社会成为不可替代的一部分，大概就花了 3 年的时间。淘宝在初期需要"教育"用户，而且那时没有移动互联网和智能手机普及的加持，因此花的时间会相对较长。但是自从进入移动互联网时代，新模式、

后记
共同迎接伟大的数字化时代

新平台的崛起大约也就是3年的时间，比如蚂蚁金服、美团外卖、拼多多、抖音和贝壳找房等。

但是生产侧的企业就会更复杂一些，各个不同行业的企业家们需要明确通过互联网、区块链、物联网技术的结合，自己在3年之内是否有信心能够打通整个行业，因为在此基础上企业才能转型成为一个数字化平台。类似美团、淘宝这些巨型平台会渗透到整个的产业的上下游，而你只能是平台上众多"店主"中的一个。但必须要正确认识到的一点是，打通产业链上下游的任务非常艰巨，所以对于每一个企业家来说，都要思考一下，如果只给你3年的时间，在行业的转型中，你会是什么角色？你能不能成为打通整个行业的人？如果要做成这件事，就必须从思想认知到操作方式、资源安排上做到完全转变，而数字化只是实现转型的手段，它不是最终目的。对于有明确认知，知道自己的企业无法做成数字化平台的企业家来说，最好的选择是擦亮眼睛，盯住行业中谁最可能成为那个平台，然后早点接入到行业平台中去。这样自己至少可以在未来的行业中做到现在电商平台中的头部店主、头部主播的位置，也会过得不错，甚至比现在更好。

正如互联网初来乍到时，我们正忙着惊呼纸媒时代会被互联网终结之际，互联网却不经意间颠覆了零售、出行领域，而当时超前大众大声呼喊"e-business"的IBM也在阿里巴巴的"去IOE"[以IBM、甲骨文（Oracle）、易安信（EMC）为代表的传统企业级软硬件三巨头]口号声中悄悄隐退。

无边界企业：
数字时代下的平台化转型

我们坚信这一次的数字化浪潮将是决定未来 30 年财富分配的转折点，甚至在技术上会同时发挥作用的物联网、区块链、人工智能、虚拟现实等技术，相对于当年的互联网独木支撑更加充实，就连现代经济社会中最神秘的金融都在区块链（比特币）面前重温当年纸媒的哀嚎：一定会被颠覆。

上一轮是消费互联网，这一轮一定是产业互联网。

希望你能够通过本书对确定的未来提前规划，做好准备提前登上这艘注定引领时代的飞船。

这本书的内容源自我多年实践中的思考。感谢清华大学五道口金融学院、中国人民大学商学院、北京大学国家发展研究院、企投会多年来邀请我授课，让我的理论和实践得以在课堂上不断验证。感谢本书的第二作者大墨两年来的笔耕不辍。还要感谢我的妻子对我事业的帮助和在生活中对我的照料。感谢杨振铨博士、俞奇秀对本书部分书稿整理的贡献，感谢蓝狮子文化创意股份有限公司陶英琪总编、策划编辑叶雯菁对本书的大力支持和改进建议，每次的交流讨论都令我受益匪浅。最后，感谢正在读这本书的你，希望本书中的理念和案例能够让你在面对未来世界时得到些许启发。

2021 年 7 月，吴晓波发起成立数字化转型研究院并任研究院院长，我作为研究院的联席院长未来会在企业数字化转型之路上持续深耕、探索、实践下去。我相信，未来大时代的巨幕正在缓缓展开，我们正在见证全产业数字化浪潮汹涌而至。驱动未来世界前进的源动力来自

后记
共同迎接伟大的数字化时代

新科技与传统产业深度融合所激发出的新变革，在新一轮的经济增长期，如何适应全社会的数字化转型进程是当前国家、地方政府、每家企业乃至每个参与市场的主体都要认知思考的问题。如果你认同这本书的理念，我们就处在通向未来世界的同一座桥梁上，希望志同道合之人能够与我一起共同探索未来。